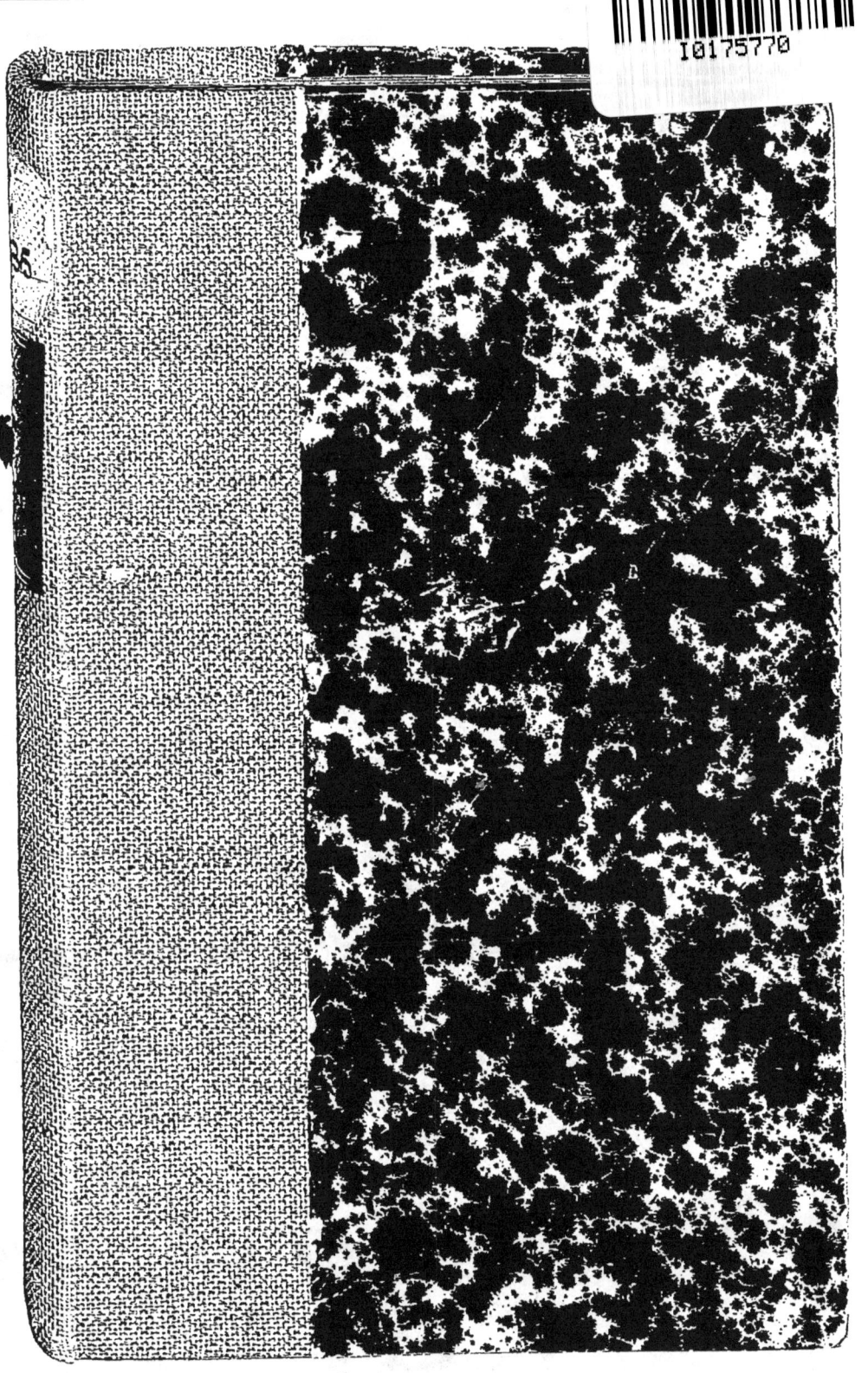

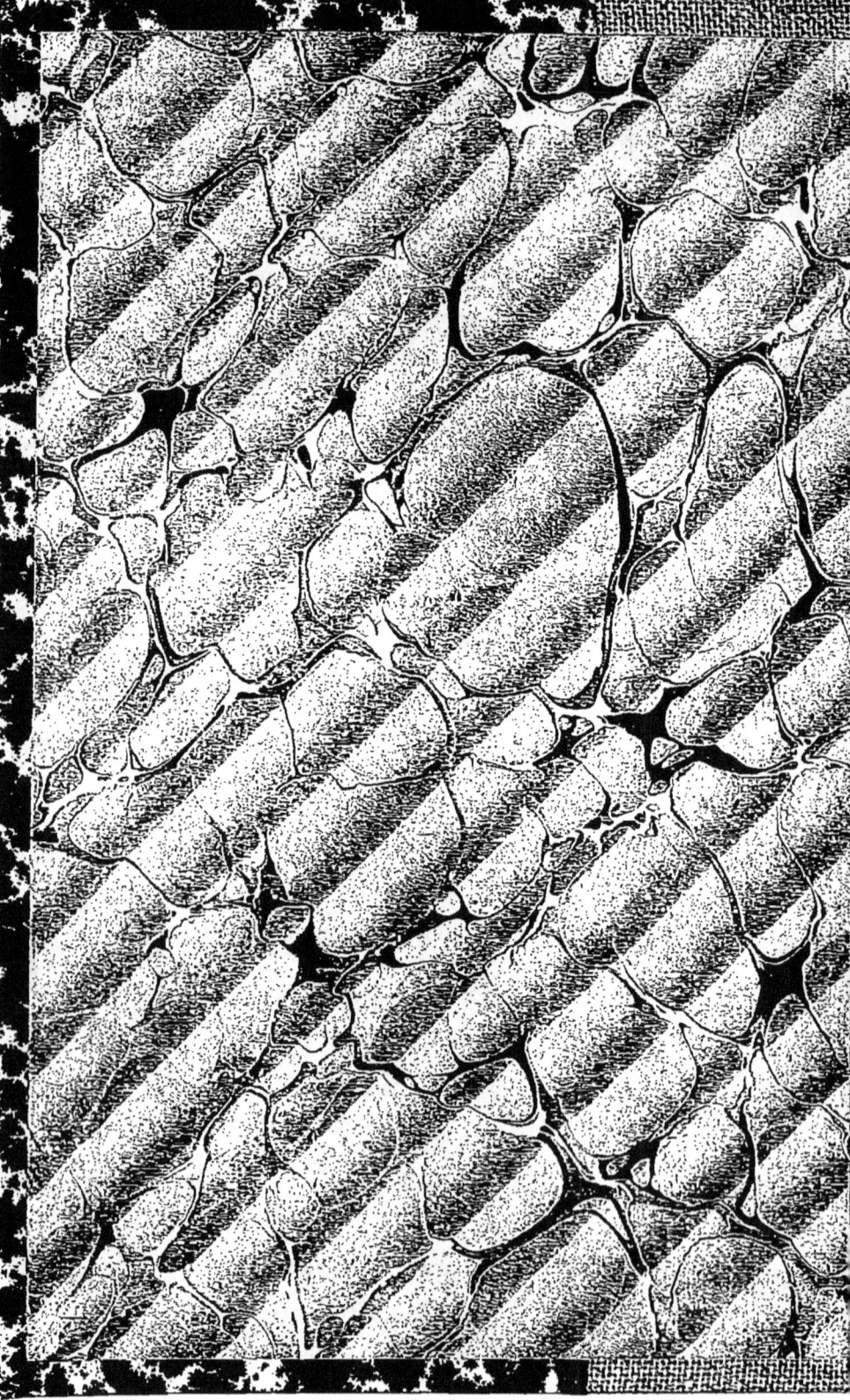

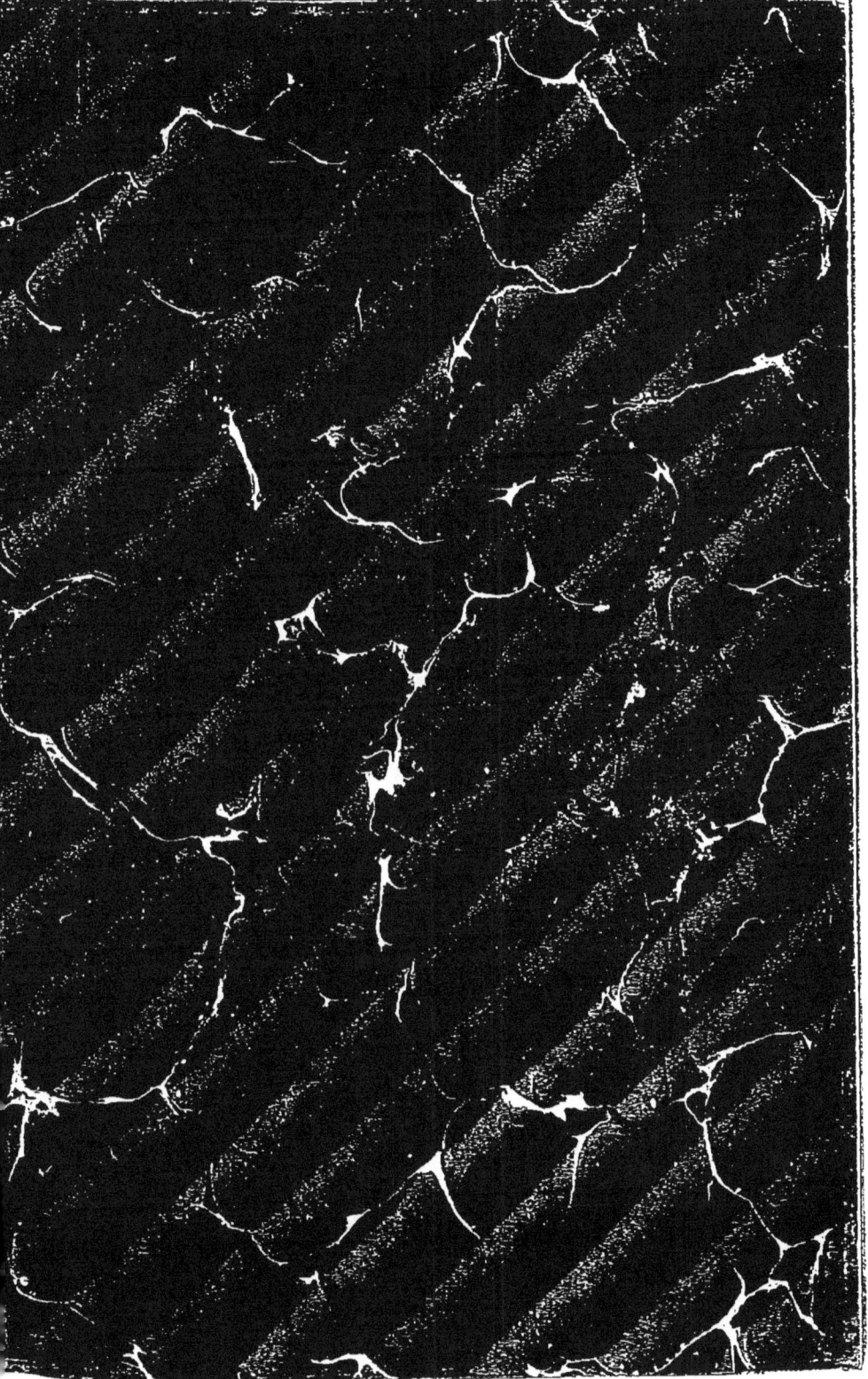

PAUL MANSUY

MACHADO DE ASSIS

SON ŒUVRE LITTÉRAIRE

PARIS
LIBRAIRIE GARNIER FRÈRES
6, Rue des Saints-Pères, 6

MACHADO DE ASSIS

MACHADO DE ASSIS

SON ŒUVRE LITTÉRAIRE

AVANT-PROPOS D'ANATOLE FRANCE
de l'Académie Française

PARIS
LIBRAIRIE GARNIER FRÈRES
6, RUE DES SAINTS-PÈRES, 6

AU LECTEUR

On trouvera réunis dans le présent volume les principaux discours prononcés en Sorbonne, le 3 Avril 1909, à la « Fête de l'Intellectualité Brésilienne ». Rappelons que la séance eut lieu dans l'amphithéâtre Richelieu, sous la haute présidence d'Anatole France, de l'Académie Française, et qu'elle fut organisée par la Société des Études Portugaises de Paris, avec le concours de la Mission Brésilienne de Propagande.

La causerie de M. le Docteur Richet ayant été improvisée, nous n'avons pu la reproduire ici. L'allocution prononcée par S. Ex. M. Gabriel de Pisa, ministre du Brésil à Paris, et celle de M. Xavier de Carvalho, promoteur de cette soirée commémorative, n'ont pas non plus trouvé place dans ce recueil parce que, par leur nature, elles s'écartaient toutes deux de l'objet principal de cette fête consacrée tout entière à Machado de Assis.

Nous avons préféré donner en appendice quelques extraits de discours et d'articles parus au Brésil après la mort de l'illustre président de l'Académie Brésilienne. De cette façon, l'œuvre assez complète que nous présentons au public peut être considérée comme un véritable hommage rendu par la pensée française en même temps que par la pensée brésilienne au grand écrivain disparu.

L'ÉDITEUR.

Le Génie Latin

LE GÉNIE LATIN

En cette fête de l' « Intellectualité brésilienne » que j'ai le très grand honneur de présider, notre savant compatriote, le docteur Richet, dont tout le monde connaît la droiture et la générosité, va nous dire les sympathies qui unissent le Brésil à la France ; M. de Oliveira Lima, ministre du Brésil à Bruxelles, membre de l'Académie brésilienne, nous entretiendra, avec un art bien des fois applaudi, de son illustre compatriote, Machado de Assis, que le Brésil salue comme une des gloires les plus hautes.

Pour moi, Messieurs, je ne crois pas que ce soit trop étendre le sens de cette fête littéraire, que d'y voir la célébration du génie latin dans les deux mondes.

Le génie latin, peut-on le célébrer assez ? C'est par lui qu'à Rome fut délibéré le sort de l'univers et conçue la forme dans laquelle les peuples sont encore contenus. Notre science est fondée sur la science grecque que Rome nous a transmise. L'humanité doit au génie latin la naissance et la renaissance de la civilisation. Son sommeil de dix siècles fut la mort du monde.

Je relisais hier, dans un livre de M. Henri Cochin, un récit étrange du vieil annaliste pontifical Stefano Infessura, que je veux vous conter à mon tour, n'imaginant pas une meilleure illustration du sentiment qui nous rassemble ici.

C'était le 18 avril 1845. Le bruit court dans Rome que des ouvriers lombards, en creusant la terre le long de la voie Appienne, ont trouvé un sarcophage romain, portant ces mots gravés dans le marbre blanc : « Julia fille de Claudius ». Le couvercle soulevé, on vit une vierge de quinze à seize ans, dont la beauté, par l'effet d'onguents inconnus ou par quelque charme magique, brillait d'une éclatante fraîcheur. Ses longs cheveux blonds, répandus sur ses blanches épaules, elle souriait dans son sommeil. Une troupe de Romains, émue d'enthousiasme, souleva le lit de marbre de Julia et le porta au Capitole où le peuple, en longue procession, vint admirer l'ineffable beauté de la vierge romaine. Il restait silencieux, la contemplant longuement ; car sa forme, disent les chroniqueurs, était mille fois plus admirable que celle des femmes qui vivaient de leur temps. Enfin, la ville fut si grandement émue de ce spectacle, que le pape Innocent, craignant qu'un culte païen et impie ne vînt à naître sur le corps souriant de Julia, le fit dérober nuitamment et ensevelir en secret ; mais le peuple romain ne perdit jamais le souvenir de la beauté antique qui avait passé devant ses yeux.

Voilà l'éternel miracle du génie latin. Il s'éveille et soudain la pensée humaine s'éveille avec lui ; les âmes sont délivrées, la science et la beauté jaillissent. Je dis le génie latin, je dis les peuples latins, je ne dis pas les races latines, parce que l'idée de race n'est le plus souvent qu'une vision de l'orgueil et de l'erreur, et parce que la civilisation hellénique et romaine, comme la Jérusalem nouvelle, a vu venir de toutes parts à elle des enfants qu'elle n'avait point portés dans son sein. Et c'est sa gloire de gagner l'univers.

Le génie latin rayonne sur le monde. En vain les puissances de ténèbres voudraient le replonger dans la tombe : il crée tous les jours plus de liberté, plus de science et plus de beauté, et prépare une justice plus juste et des lois meilleures.

Latins des deux mondes, soyons fiers de notre commun héritage. Mais sachons le partager avec l'univers entier ; sachons que la beauté antique, l'éternelle Hélène, plus auguste, plus chaste d'enlèvement en enlèvement, a pour destinée de se donner à des ravisseurs étrangers, et d'enfanter dans toutes les races, sous tous les climats, de nouveaux Euphorions, toujours plus savants et plus beaux.

Anatole FRANCE
de l'Académie Française.

Machado de Assis

Machado de Assis

et son œuvre littéraire

MACHADO DE ASSIS

ET SON ŒUVRE LITTÉRAIRE

Les funérailles imposantes faites en septembre dernier, par la population de Rio de Janeiro, au grand écrivain dont nous venons aujourd'hui, respectueusement et pieusement célébrer ici la mémoire, — mémoire qui doit être chère à toute la race latine qu'il illustra outre-mer, — révèlent un état de culture vraiment avancé chez le peuple brésilien.

Car ces funérailles ne furent pas seulement officielles, elles eurent aussi ce caractère plus noble et inattendu d'être pour ainsi dire à peine officielles. Le gouvernement, certes, y avait contribué par toutes ses pompes civiles et par le plus bel éclat militaire : ne s'agissait-il pas du président de l'Académie Brésilienne, une quasi fondation d'Etat ? Mais la note remarquable et particulièrement touchante était donnée par l'adhésion spontanée, par la participation effective et empressée des étudiants, des professeurs, des fonctionnaires, des commerçants, des industriels, de ce que l'on appelle avec raison le monde intellectuel et de ce que quelques-uns appellent, à tort, le monde non-intellectuel, car l'intelligence revêt bien des formes et emprunte même des déguisements, sans que l'expression littéraire puisse être considérée comme son unique apanage.

Cet hommage eut assurément surpris Machado de Assis lui-même, parce que, de sa vie, il n'en avait jamais recherché de pareils, et c'est d'autant plus flatteur pour sa renommée, comme aussi pour ceux qui le lui rendirent. Ces derniers ont montré par là qu'ils appréciaient à sa juste valeur le mérite d'un écrivain qui ne semblait pas tout à fait destiné à être si bien compris par la foule. C'est surtout à cause de cela que l'hommage, comme je viens de le dire, honore ceux qui s'y sont associés avec une pareille ferveur. Nous l'appelions bien, nous autres gens du métier, le Maître, mais j'aurais personnellement juré que son influence, bien que dépassant de beaucoup une coterie de lettrés et d'artistes, n'allait pas au-delà d'un cercle de gens de haute culture, ou, si l'on préfère, de lecture ; je croyais, — et je suis fort heureux de m'être trompé, — que sa gloire ne rayonnait point aux yeux du plus grand nombre.

Tout d'abord, il n'était pas ce que l'on est convenu d'appeler un écrivain patriotique, — extérieurement, intentionnellement patriotique, bien entendu. Il l'était toutefois dans l'âme, car, comme il l'écrivait lui-même à propos de José de Alencar, il existe une façon de voir et de sentir qui donne la note intime de la nationalité, indépendante de la physionomie extérieure des choses. Et cependant, tout en considérant avec lui Racine comme le plus français des tragiques français, encore que dans son œuvre la parole ne soit prêtée qu'à des anciens, je me demande s'il est réellement le plus populaire ?

On ne peut s'étonner, au Brésil, de la popularité retentissante et durable des Gonçalves Dias, des Casimiro de Abreu, des Castro Alves, de nos meilleurs poètes de l'école romantique. Outre qu'ils s'adressaient à la sensibilité plutôt qu'à l'intelligence, en traduisant avec une tendresse exquise les peines du cœur — auxquelles nul ne demeure étranger, — ils chantèrent à dessein, avec des accents toutefois sincères, touchants et incomparables, les beautés de la nature brésilienne, la douceur de la vie brésilienne, les illusions, les espérances et les rêveries de l'âme brésilienne. Il est donc fort juste que leurs compatriotes les aient récompensés en gardant le souvenir de leurs plus belles compositions. Tout brésilien vous récitera sur le champ la *Chanson de l'Exil*, ou *Mon âme est triste*, ou les *Voix d'Afrique*. Un poète d'esprit subtil me faisait un jour une très juste remarque. Il prétendait qu'il suffisait de lire quelques-unes de ces strophes où s'égrènent les merveilles du ciel tropical pour se procurer le plus sûr commentaire à l'une des gravures coloriées du livre d'Emmanuel Liais : celle qui reproduit ce firmament somptueusement étoilé du Brésil, d'où se dégage une sorte de volupté cosmique et l'ivresse de l'amour.

Quoique poète lui aussi, Machado de Assis est bien différent. Il s'est libéré des liens les plus étroits du nationalisme, qui souvent touche au nativisme et qui envahit également les vers. Il s'est élevé à une conception plus générale et, disons-le, plus *humaine* de la vie ; mais sans cesser toutefois de garder la note essentiellement nationale. En décrivant les caractères de ces personnages, il n'avait pas la prétention de les rendre synthétiques. Et pourtant ils le sont devenus, et tout leur promet même de devenir universels. Dans ses contes et dans ses romans, l'intrigue est courte, élémentaire, pour ne pas dire effacée : ce manque de robustesse de l'armature était cependant arrivé chez lui à valoir mieux qu'un artifice ou un attrait, parce que cette armature, il l'enveloppait tout entière de la tunique soyeuse de sa philosophie discrète, et qu'en outre, il savait l'embellir de son style élégant, limpide et impeccable.

Je viens de mentionner, sans le vouloir, les qualités maîtresses de cet écrivain, qui serait remarquable dans n'importe quelle littérature et qui s'était beaucoup assimilé les chefs-d'œuvres des littératures étrangères, de Sterne à Renan et de Heine à Anatole France. Ces qualités sont la souplesse dans la composition, la mesure dans l'ironie, l'harmonie dans l'ensemble. Avec tout cela, par une combinaison savante dont, seul, il possédait le secret, il resta inimitable quoique fort imité, ce qui est encore une preuve certaine, indiscutable même, de sa supériorité. Lui-même cependant ne devint jamais imitateur, malgré son étude approfondie des modèles. On peut être peintre, doué d'originalité et de talent, tout en ayant beaucoup subi l'influence des maîtres. La discussion sur ce sujet est close, je pense. Rubens étudia longuement, en Italie, la manière composée et noble des artistes, et n'en resta pas mois flamand dans son exubérance. Et Fromentin n'écrivit-il pas sur les grands peintres flamands et hollandais des pages admirables d'entrain et de vérité, — aussi lumineuses que ses toiles sahariennes, qui sont la négation du clair-obscur ?

Il en est de même parmi les écrivains. Machado de Assis fut un lecteur assidu des chefs-d'œuvre écrits dans sa langue et en d'autres langues. Il prisait fort les classiques portugais et admirait tout particulièrement Almeida Garett, dont le langage se rapprochait tant du sien par la grande pureté, la simplicité voulue et la grâce réservée. Tout comme son devancier, qui fut le plus illustre des romantiques portugais, il ne s'attachait pas scrupuleusement à des formes anciennes ni à des règles surannées ; mais il gardait dans son esprit de nouveauté le sentiment de discipline qui empêchait cette tendance de déborder et qui le portait à ciseler son style avec la délicatesse d'un orfèvre qui eût été non seulement un bon artisan mais encore un grand artiste. A n'en pas douter, ce fut en maniant patiemment son outil qu'il atteignit cette perfection relative — je ne veux pas dire absolue — qui n'était ni compliquée ni ouvragée, parce que les belles choses ne le sont jamais : elles doivent présenter la limpidité et la régularité du cristal, géométriquement simple et chimiquement précis.

Le style de Machado de Assis avait conquis à la longue un fini extraordinaire, sans paraître jamais prétentieux, encore moins précieux, et sans que l'esprit de détail portât aucunement atteinte à l'unité de la conception. On trouve l'auteur assez souvent hésitant, non pas quant à la langue, qui est toujours coulante en même temps que sobre, — car, vers le temps de sa mort, on peut dire qu'aucun écrivain d'expression portugaise ne la connaissait mieux et ne savait s'en servir avec plus d'adresse, — mais quant aux idées. Cette hésitation, employée beaucoup à dessein et beaucoup par tempérament, était en effet devenue chez lui une habitude, et, à maintes reprises, ce lui fut une ressource : elle resta jusqu'à la fin une caractéristique de sa manière et ajouta même à son charme, sans que la forme eût jamais à en pâtir. En vérité, elle découlait de sa philosophie : j'entends par ce mot, la façon de voir et de comprendre l'univers, ce qui est, je crois, une définition suffisante, quoique un peu ancienne et même vulgaire, si l'on veut. L'auteur de *Bras Cubas* s'efforçait de voir cet univers à travers une ironie sceptique et calme, en dissimulant autant qu'il le pouvait ses inquiétudes et en laissant échapper parfois une pointe d'émotion qu'il s'ingéniait également à ne pas montrer. Car il désirait par-dessus tout paraître impersonnel à l'époque la plus personnelle des Lettres, à l'époque romantique.

On oubliait volontiers, à le voir travailler et produire, sans cesse quoique sans hâte, jusqu'à son dernier moment, — son dernier livre a paru peu de semaines avant sa mort, — que Machado de Assis était en littérature un ancêtre. Ses premiers vers et sa première prose datent de près d'un demi-siècle. Dans un de ses romans, il a fait cette remarque : « qu'il y a en politique des vieux garçons : — ceux qui parviennent à un âge très ingrat sans avoir connu la béatitude des gens qui se mettent en ménage... avec un portefeuille ». Ce n'était pas son cas dans la vie littéraire, puisque, de bonne heure, il avait rencontré le succès et qu'encore jeune il avait épousé la renommée. Si l'écrivain, comme tel, n'avait pas vieilli, c'est qu'il était décidément lui-même plutôt qu'il n'appartenait à une école. Il l'était même foncièrement. Sa personnalité a une place à part dans notre littérature, elle ne se confond avec aucune autre; et le fait qu'on a cherché à l'imiter prouve également qu'il n'était pas pareil à ses contemporains, car les pastiches ne se copient point.

De vouloir être impersonnel, c'est-à-dire de ne pas vouloir apparemment river sa subjectivité à son œuvre en la composant d'éléments objectifs, il en était arrivé à être, en quelque sorte, indéfini dans le temps. En effet, ses personnages n'appartenaient pas exclusivement à une époque déterminée, ils n'en étaient pas le produit direct et circonscrit. Généralement, la liaison intime manquait entre le monde des acteurs de la petite comédie humaine créée par son imagination et le temps choisi pour leur action. Parmi ses personnages, il en est quelques-uns tout en demi-teintes, comme nous en connaissons tous, qui traversent la vie d'une manière vague, qui sont comme effacés et presque inaperçus ; d'autres cependant, sont des personnages qui décèlent tout simplement la psychologie humaine sans avoir recours à la modalié d'une époque.

Est-ce que par hasard Harpagon, Alceste, M. Jourdain, Célimène, dans la littérature française, sont des caractères du XVIIe siècle ? La préoccupation du synchronisme dominait-elle

Molière ? Ne sont-ce pas plutôt les types de son théâtre immortel qui, pour figurer sur les planches, se parent des habits brodés, des jabots à dentelles et des perruques frisées du grand siècle, tout comme ils auraient pu endosser la redingote noire et se couvrir du chapeau haut de forme de notre temps ? Les personnages de Machado de Assis portent les vêtements de nos jours, exactement comme ils pourraient, sans anachronisme, porter ceux d'une autre époque. L'humanité est du reste uniforme sous ses aspects variés, elle est identique à travers l'évolution de la mode. Heureux celui qui réussit à en saisir les traits généraux, car les traits locaux ne font que dissimuler le fond commun et universel. Le Timon de Shakespeare est aussi bien de Londres que d'Athènes : ce serait partout le désanchanté de la flatterie ; comme sa Cléopâtre, aussi peu égyptienne que possible, est surtout la grande amoureuse de la légende, que les historiens en quête de nouveauté ne parviennent pas à détruire.

D'autres fois, Machado de Assis n'était pas,

répétons-le, aussi impersonnel qu'il prétendait l'être ; on peut même dire qu'il existe sous bien des rapports une étroite relation entre son œuvre et sa personnalité. *Braz Cubas,* par exemple, dont il a écrit les mémoires posthumes, car il affectionnait tout particulièrement cet artifice littéraire, — ce qui est encore une manifestation du caractère fréquemment personnel de son œuvre, — *Braz Cubas,* c'est lui-même à s'y méprendre. N'est-ce pas sa philosophie qu'il y a dépeinte : — « dégagée de la briéveté du siècle, comme une philosophie inégale, tantôt austère, tantôt badine, une chose qui ne construit ni ne détruit, qui n'enflamme ni ne glace, et qui malgré cela est plus qu'un passe-temps, mais moins qu'un apostolat ? »

De même, dans la description du ménage Aguiar, contenue dans son dernier livre intitulé : *Souvenirs du diplomate Ayres,* — une fois de plus des mémoires — tout le monde s'est plu à reconnaître son heureux et honnête foyer, où la compagne chérie d'une longue existence com-

mune, toute d'affection et de travail, faisait défaut dans les derniers temps et se faisait amèrement regretter comme la confidente de ses pensées, de ses tristesses d'homme et de ses joies d'écrivain. Voyez plutôt en quels termes Ayres résume, dans son journal, les impressions d'une fête de famille chez les Aguiar, à l'anniversaire de leurs noces d'argent : « Elles ne pour-
» raient guère être meilleures. La première fut
» celle de l'union du ménage. Je sais bien qu'il
» n'est pas sûr de juger de la situation morale de
» deux personnes d'après une fête de quelques
» heures. Naturellement l'occasion éveille le sou-
» venir des temps passés et l'affection en est
» comme doublée par l'affection des autres. Mais
» ce n'est pas cela. Il y a en eux quelque chose
» de supérieur à l'occasion et de différent de la
» joie d'autrui. J'ai senti que les années avaient
» dans ce cas fortifié et raffiné la nature et que
» les deux êtres étaient devenus à la fin une
» seule et même personne. Je n'ai pas senti cela,
» je ne pouvais le sentir, sitôt arrivé ; mais ce fut
» le résumé de la soirée. »

MACHADO DE ASSIS
(Dessin de Henrique Bernardelli)

Machado de Assis souffrait beaucoup de son veuvage; mais comme il avait à un haut degré la pudeur de la souffrance, il laissait à peine entrevoir toute l'étendue de sa solitude morale. Il montrait une vraie répugnance à exhiber sa douleur, et c'est beaucoup pour cette raison qu'il adopta le travesti littéraire. A l'ombre de ce travestissement, il put librement évoquer la douce silhouette de l'absente, de la créature bonne et dévouée dont il se souvenait chaque jour sans le proclamer à haute voix, épanchant par là ses longs regrets et consacrant son hommage sans en faire le cabotinage d'une apothéose.

A ce propos, qu'il me soit permis de rappeler un souvenir personnel. La publication d'*Esaü e Jacob*, l'histoire de ces jumeaux ennemis par leurs goûts différents et leur amour commun, coïncide presque avec la mort de Mme Machado de Assis. En m'écrivant après ce fatal événement, pour me remercier d'un article que j'avais publié sur ce roman, il ne put s'empêcher d'évoquer celle qui n'avait point lu la critique, et voici en quels termes, d'une émotion contenue et profonde, il le fit : « Ma femme, si elle avait pu lire l'article, aurait éprouvé le même sentiment que moi ; mais elle n'a même pas lu le livre, quoiqu'elle en eût témoigné l'intention. Elle n'en a lu que des passages, ce qui m'a été confirmé par une de ses amies à qui elle l'avoua comme la meilleure preuve de l'état où elle se trouvait. »

A partir du jour où elle ne fut plus là, sa chère mémoire l'accompagna, le hanta, l'absorba. Il ne vécut plus que par le sentiment, ou pour mieux dire, il l'associa à l'espérance de l'au-delà ; mais la vie intellectuelle fut plus lente à s'éteindre chez lui. Il ne cessa de travailler, parce que le travail littéraire lui était une consolation et un besoin, et ce fut par là qu'il connut ses dernières joies, puisqu'il est admis que la tristesse même a ses joies. Sous le titre suggestif de *Reliques de vieille maison,* il rassembla quelques anciennes pages, choisies parmi celles qui lui plaisaient le plus, et il en dédia le recueil à celle à qui ces pages avaient été familières. Ensuite, il rédigea le journal intime de ce diplomate retraité, qui, suivant sa propre expression — laquelle aurait pu s'appliquer à lui-même — avait « l'ironie dans la rétine », une ironie pas méchante mais fine, plus superficielle que maligne, et malgré cela légèrement incisive, quoique plutôt indulgente, qui s'apercevait toujours du côté ridicule des choses mais ne l'exposait qu'avec une raillerie souriante et aimable.

Il est bien dommage qu'à côté du journal imaginaire du Conseiller Ayres, Machado de Assis n'ait pas écrit le sien, le véritable; d'autant plus qu'il n'oubliait pas d'observer à propos de vieux papiers condamnés au feu par l'ancien diplomate, homme du monde avisé, que « nous portons tous dans notre tête d'autres vieux papiers qui ne brûlent jamais et qui ne s'égarent point dans de vieux bahuts. » Un chapitre de Mémoires qu'il nous a laissé sous le titre : *Le Vieux Sénat*, est de nature à rendre pluf vif encore ce regret. C'est une ébauche délicate et en même temps saisissante du Sénat de l'empire en 1860, au temps de sa jeunesse de journaliste : une assemblée où se groupaient les parlementaires des premiers temps de la Constituante orageuse, les champions de la majorité du jeune monarque contre une régence affaiblie par la discorde civile, et les derniers venus à cette oligarchie éclairée et grave qu'était notre Chambre Haute d'alors.

« Ces hommes, — je traduis ses paroles — que
» je voyais là réunis tous les jours, avaient fait
» ou vu faire l'histoire des débuts du régime, et
» moi je n'étais qu'un adolescent étonné et
» curieux. Je leur trouvais une tournure particu-
» lière, demi-militante, demi-triomphante, qui
» leur donnait un aspect participant un peu de
» l'homme, un peu de l'institution. En même
» temps, je me souvenais des injures et des quo-
» libets que la passion politique avait inspirés
» contre quelques-uns d'entre eux, et j'éprouvais
» l'impression que ces personnages calmes et
» respectables, qui maintenant se reposaient sur
» ces fauteuils étroits, n'avaient pas joui jadis du
» respect des autres ni probablement ressenti

» leur sérénité actuelle. Et je leur enlevais les
» cheveux blancs et les rides, et je les faisais de
» nouveau jeunes, ardents, agités. J'ai commencé
» là à apprendre la part de présent qu'il y a dans
» le passé, et réciproquement. L'*oligarchie,* le
» *coup d'Etat* de 1848 et nombre d'expressions
» de la politique en opposition avec l'ascendant
» conservateur trottaient dans mon imagination;
» et en voyant les chefs de ce parti, souriants,
» familiers, plaisantant entre eux et avec les
» autres, échangeant des prises de tabac et pre-
» nant ensemble leur café, je me demandais en
» moi-même si c'était eux qui pouvaient faire,
» défaire et refaire les éléments et gouverner ce
» pays avec une main de fer. »

Quelques croquis individuels de ce « Vieux Sénat » sont frappants et je ne puis résister à vous en donner une idée. Voyez, par exemple, le marquis d'Itanhaem, l'ancien tuteur de l'Empereur, « que l'âge rendait moins assidu aux séan-
» ces, mais qui venait néanmoins plus qu'on ne
» pouvait s'y attendre. A peine pouvait-il des-

» cendre de voiture, gravir les escaliers et se
» traîner jusqu'à son fauteuil à droite. Il était sec,
» décharné, coiffé d'une perruque et portait de
» grosses lunettes. A l'ouverture et à la clôture
» du Parlement, son aspect s'aggravait de l'uni-
» forme de sénateur. S'il eût porté la barbe, il
» aurait pu dissimuler en partie ses traits éma-
» ciés et flétris, car le visage rasé accentuait sa
» décrépitude ; mais c'était la mode autrefois, et
» la majorité du Sénat y restait encore atta-
» chée. » On croit entendre, dans ces pages, « les sons gutturaux qui rendaient plus pénétrante et agressive la parole tranchante, fine et rapide » de Zacharias, ce maître consommé du sarcasme. On y rappelle des oubliés, comme Ribeiro, Vicomte de Rio Grande, « philosophe et philologue, qui ne parlait jamais, mais tenait à côté de lui, à terre, sur le tapis, contre le pied de son fauteuil, le dictionnaire de la langue, dont il consultait l'un ou l'autre tome quand, pendant une discussion, il entendait un vocable qui lui semblait d'origine incertaine ou d'acceptation douteuse. »

Le grand écrivain a, jusqu'à un certain point, racheté cette lacune de son œuvre — lacune d'autant plus sensible que tous s'accordent à déplorer la rareté extrême des mémoires dans notre littérature, — en confiant à son excellent ami, l'homme de talent et de cœur qu'est M. José Verissimo, la tâche de publier sa correspodance. M. José Verissimo l'avait souvent prié d'écrire ses souvenirs, mais je crois que Machado de Assis hésitait à le faire, en raison, non pas de sa modestie — on ne peut l'exagérer à ce point quand on connait sa juste valeur — mais de sa retenue. Il n'aimait pas à se livrer, c'est-à-dire qu'il n'aimait pas à dévoiler tout le fond de sa pensée. Il en gardait une partie pour lui-même, soit par politesse, soit par fierté, car ce timide avait la dignité de l'orgueil, — cet orgueil qu'il qualifia « d'irradiation de la conscience », — et cet humoriste reculait toujours devant l'idée de blesser les autres.

Que la contradiction entre ces termes ne nous étonne point. La timidité n'exclut pas la force d'âme, et ce sceptique en fournissait bien la preuve sous ses façons un peu embarrassées et ses dehors presque craintifs. Il était même passionnément attaché à plusieurs opinions, disons à quelques articles de foi : — à la probité littéraire, à l'indépendance de l'esprit, à la noblesse de sa tâche professionnelle ; — comme il resta toujours fidèle à ses admirations intellectuelles et à ses amitiés. Cependant, il n'avait pas à proprement parler, d'amis vraiment intimes, quoiqu'il fût loin de posséder l'*air distant* de Mérimée, une de ses idoles littéraires. Renan fut aussi l'objet constant de son admiration par son style et par son scepticisme optimiste qu'il se plut à comparer, dans un petit essai charmant, avec la mélancolie pessimiste de la grave et bonne Henriette à la tendresse égoïste et au vigoureux esprit de sacrifice.

Je viens d'employer le mot « sceptique ». C'est une expression commode, usitée à chaque instant et répondant néanmoins à quelque chose de précis. Est-ce qu'on peut s'empêcher d'être tant soit peu sceptique quand on a assisté à beaucoup d'événements, quand on a été mêlé à beaucoup de faits? et il est à peu près impossible qu'il en soit autrement de nos jours, si peu intense et mouvementée que soit la vie pour quelques-uns. Un critique anglais écrivait au sujet de John Morley, à propos de sa dernière publication : « Il a envisagé trop de croyances pour se laisser déconcerter par les plus récentes; il a suivi le cours de trop de mouvements dans l'histoire pour se laisser abuser par des mirages. » Rappelez-vous tout ce que Machado de Assis a vu pendant son demi-siècle d'activité littéraire. Il l'avait commencé vers 1860, quand l'empire avait acquis tout son éclat : la paix intérieure était assurée, l'agriculture prospérait, le commerce se développait. Les derniers romantiques célébraient en littérature leurs amours exaltés de tristesse, qui sonnaient déjà faux dans ce milieu apaisé et utilitaire. Machado de Assis composait alors, lui aussi, des vers, et de fort beaux : on n'est pas impunément jeune et sensible, et l'auteur des

Mémoires de Ayres l'était resté dans l'âme. Ses premières poésies avaient cependant un aspect déjà intellectuel, indépendamment de leur forme châtiée et de leur grâce exquise, qui plus tard devint parfois un peu mièvre. L'amour ne suffisait point à éveiller son lyrisme : il lui fallait la vibration du cerveau en même temps que celle du cœur. Lamartine et Musset n'étaient plus seuls à satisfaire son inspiration : celle-ci avait besoin du stimulant tragique d'Edgar Poe, en même temps que du condiment imaginatif d'Henri Heine.

Il fit aussi de la poésie politique : c'était à l'époque qui suivit l'apparition des *Châtiments*. Dans son premier recueil de vers intitulé *Chrysalides*, qui date de 1864, le sort de la Pologne et du Mexique, représentatifs à ce moment des peuples asservis et des nations vaincues, ne laisse pas d'exciter son indignation et de toucher chez lui ce sentiment libéral qui réside dans tout cœur brésilien. Précisément alors, la guerre étrangère contre le Paraguay venait d'éclater à nos frontières. Machado de Assis éprouva comme les autres la fièvre patriotique de ces jours d'attente et de délire. Le reflet s'en est conservé dans quelques pages de *Yaya Garcia*, où justice est rendue à nos vertus militaires pendant le danger; mais l'impression la plus durable qu'il eût gardée de ce temps n'était point belliqueuse. Du moins, je ne l'ai jamais entendu témoigner de sympathie pour la guerre ou rendre hommage à l'esprit de conquête.

Bien que son œuvre ne le traduise point, il garda un souvenir plus ému des luttes de la tribune et de la presse, pacifiques quoique acerbes et violentes, entre ceux qui voulaient retarder et ceux qui voulaient précipiter l'abolition de l'esclavage. De 1871 à 1888, ce fut la grande question sur laquelle s'échafaudaient les combinaisons politiques, le problème absorbant de l'existence nationale qui élevait et renversait les ministères en accordant alternativement la victoire aux partis et aux groupes franchement et inlassablement hostiles entre eux. On sait de quelle façon rapide, calme et digne, s'accomplit la réforme par excellence. Rien ne fait plus d'honneur à notre histoire et ne prouve mieux notre culture avancée. La littérature, pendant ce temps, continuait son évolution. La muse nationale avait été patriotique et guerrière avec Tobias Barreto, philanthropique et éprise de réparation sociale avec Castro Alves, toujours sous l'influence de Victor Hugo. Elle se fatigua un jour des grandes envolées et se mit à perfectionner la forme avec entrain. Ce fut le triomphe de l'art pour l'art : la placidité parnassienne avec de-ci de-là des réminiscences sentimentales et des échappées dans le domaine scientifique. Leconte de Lisle, Sully Prudhomme, Coppée, Hérédia étaient devenus les modèles : ils furent les dieux de cet Olympe.

Machado de Assis n'eût pas de peine à suivre cette transformation à laquelle il était préparé ; mais il trouva dans la prose, mieux encore que dans la poésie, l'instrument le plus propre à faire valoir ses talents littéraires. Il fut un chroniqueur délicieux au temps où la chronique succéda au feuilleton. Il s'en montra même si épris, que, dans l'un de ses romans, la vie conjugale est comparée à une chronique, parce qu'elle n'avait besoin, expliquait-il, que de fidélité et de quelque style. Le style, certes, ne lui faisait pas défaut. Son progrès fut graduel et remarquable. Il atteignit un degré de perfection et de charme que tous s'accordent à lui reconnaître. Pour s'en rendre compte, il suffit de repasser chronologiquement son œuvre : on verra ainsi comment il en arriva à rejeter les artifices d'abord visibles, à se dépouiller de toute convention, à éliminer les lieux communs sans recourir aux bizarreries, à témoigner d'un manque de prétention allié à une recherche du beau dans la simplicité, ce qui constitue le très grand art. L'impression serait pareille si, dans une exposition de modes rétrospectives, on passait d'une coiffure poudrée Louis XVI aux bandeaux noirs et lisses des vierges grecques, d'une robe à paniers de gracieuse étoffe Pompadour à une chlamyde aux plis harmonieux, voilant juste ce qu'il faut pour faire ressortir la nature.

L'esprit du chroniqueur avait le cachet athénien. On y trouvait la mesure d'Henry Fouquier atténuant la verve railleuse d'Alphonse Karr, et aussi une grâce toute personnelle qu'aucun autre écrivain n'a jamais atteinte chez nous ; une façon à lui de considérer les événements, de ne pas s'en montrer surpris, de les expliquer par des assertions dubitatives, avec des semblants de précaution, des hypothèses ingénieuses, des interrogations curieuses, en deux mots, avec une fantaisie et une finesse séduisantes.

Le conte est au roman ce que la chronique est à l'essai : un raccourci par lequel on obtient des effets surprenants. Machado de Assis, plus que nul autre chez nous, a excellé dans le conte. Ce ne sont pas des narrations serrées, vigoureuses, dramatiques, comme celles de Guy de Maupassant — son talent littéraire, quoique nourri de logique, n'était pas fait d'assurance —; ce serait davantage, si l'on pouvait établir un parallèle qui par d'autres côtés échappe à l'analyse, des compositions dans le genre d'Alphonse Daudet, ayant plutôt que le relief du tableau à l'huile la fluidité du pastel, et aussi une sorte d'émotion qui anime les couleurs et en rend la tonalité plus douce et pour ainsi dire caressante.

Pour le genre de talent de Machado de Assis, le conte possède un avantage : celui d'être plus court, ce qui veut dire qu'il a une allure plus rapide et plus condensée. L'action ne menace pas de se perdre en des observations à côté, même lorsqu'il s'agit d'analyse directe, et l'ironie autant que l'émotion y affleurent davantage. Le roman fut néanmoins son domaine d'élection : non pas le roman à intrigues, mais le roman psychologique, d'une psychologie subtile sans affectation et vraie sans brutalité, qui vous prend et vous retient par son développement ondoyant et ne vous impose pas ses déductions trop savantes et inexorables. C'est de la psychologie alerte et sobre, qui tâche de ne pas trop se faire voir, s'efforçant à ne pas paraître ennuyeuse, ayant l'air de procéder comme par jeu, tout à son aise, aimant à railler les opinions, mais sans disséquer les cœurs.

Les premières nouvelles de Machado de Assis portent l'empreinte romantique dans leur manière plus que dans leur essence. Elles sont d'un romanesque très mêlé de bon sens, et d'une préoccupation de spiritualité que le naturalisme corrige déjà à chaque pas. Il y a en elles du Feuillet et du Mérimée. Ce n'est que dans les plus récentes, à partir de Braz Cubas, qui date de 1879, que les conflits aigus et violents des âmes cèdent la place aux oppositions quotidiennes de sentiments, aux nuances psychologiques, aux simples divergences de vues qui suffisent à remplir leurs pages, comme elles suffisent d'ailleurs à remplir l'existence. Dès ses débuts même, dans la préface de son livre intitulé *Résurrection,* sa première tentative de ce genre, il se défendait de vouloir faire autre chose que du roman d'analyse : « Je n'ai pas songé à faire du roman de mœurs — telles sont ses paroles ; — j'ai tenté d'esquisser une situation et le contraste de deux caractères ; avec ces éléments si simples, j'ai essayé de créer l'intérêt du livre. » Les deux

Machado de Assis

(Tableau de Henrique Bernardelli, appartenant à l'Académie Brésilienne)

caractères en présence, ou mieux, en opposition, sont ceux de Livia, la jeune veuve aimante et confiante, dans son élan imaginatif, et de Félix, le médecin à l'amour ombrageux qui, au fond, méprise les femmes autant que M. de Camors.

Ses personnages de moins en moins tranchants, de plus en plus à demi-teintes, sans pour cela cesser de se détacher de l'ensemble, ne s'agitent finalement plus avec les conventions de l'art : ils se meuvent avec le naturel de la vie et restent toutefois gravés dans la mémoire comme de vieilles connaissances. Ne pouvant en évoquer beaucoup ici, je rappellerai Ayres, le diplomate rangé dans ses habitudes et dans ses sentiments, auquel les Ministères et les salons ont enlevé la spontanéité, mais qui a gardé son sens commun, qui s'épie et se ménage; il semble un égoïste parce qu'il ne se sacrifie pas; mais sa charité consiste à ne pas sacrifier son prochain. Je rappellerai encore José Dias, l'homme aux superlatifs, — « une façon à lui de prêter un aspect monumental aux idées et servant, à défaut d'idées, à prolonger les phrases » —; le parasite qui ne se contente pas de sa place à table, mais qui s'est installé dans la maison, où il s'est rendu utile et enfin nécessaire, par sa discrétion, ses petits talents de société, la sincérité qu'il met dans son hypocrisie forcée, l'aisance et la dignité avec lesquelles il porte plutôt qu'il ne supporte sa dépendance. L'histoire est presque tragique de ce Rubião, héritier inattendu des biens et des doctrines d'un philosophe erratique, se plongeant voluptueusement dans le désœuvrement sentimental, se laissant dévaliser à tort et à travers — l'un de ses exploiteurs, Camacho, le journaliste doctrinaire, est un type inoubliable — et finissant par sombrer dans la misère et dans le délire des grandeurs.

Dans ses personnages féminins, la volonté, généralement, abonde. Depuis Helena jusqu'à Fidelia, en passant par Estella, — la victime de la fierté, de la pudeur et du dévouement, — ce sont des femmes à la raison claire et forte, qui ne dénoncent moralement leur sexe que parce qu'elles savent bien pratiquer l'art de la dissimulation, qui d'ailleurs peut bien, dans beaucoup de cas, passer pour une vertu. « La dissimulation est un devoir, — lit-on dans son roman *Helena*, daté de 1876, — quand la sincérité est un danger ». Elle est encore une vertu chez la Sophia de *Quincas Borba*, coquette qui par manque de tempérament et par une foule de considérations sociales ne recherche pas le péché, mais qui se livrerait si on l'y acculait; dépitée de ne point l'être par qui elle le voudrait, et si pas indifférente aux hommages, puisqu'elle est trop femme et forcément vaniteuse, du moins sourde à l'appel des autres; se demandant un beau jour, ou plutôt par un jour de pluie, pourquoi elle a refusé tous ses adorateurs, — « question sans mots qui lui courut par les veines, les nerfs, le cerveau, sans autre réponse que le trouble et la curiosité. » Le sens psychologique de l'auteur intervient pour nous en donner l'explication : « Si vous me demandiez si Sophia a quelques remords, je ne saurais vous le dire. Il y a une gradation dans le ressentiment et dans la réprobation. Ce n'est pas seulement dans les actes que la conscience passe graduellement de la nouveauté à la coutume et de la crainte à l'indifférence. Les simples péchés par pensée sont soumis à cette même variation, et l'habitude de songer aux choses nous les rend si familières que l'esprit finit par ne plus s'en étonner ni s'en froisser ».

On dirait, et on dirait juste, à voir la discrétion avec laquelle sont dessinés ses caractères féminins, respectables presque tous sans exception, et à en juger par l'ensemble de son œuvre où l'humour est sans grossièreté comme aussi sans méchanceté, que Machado de Assis a beaucoup vécu dans l'intimité intellectuelle des écrivains anglais. Il avait en effet, on l'a bien remarqué, un faible, tant pour les humoristes du XVIIIe siècle, Sterne, Fielding, Swift, que pour les romanciers du XIXe, Dickens, Eliot, Thackeray. Il admirait beaucoup Shakespeare, comme un arbre colossal et touffu à la floraison merveilleuse, tout paré de force et de beauté; mais c'était de préférence aux premiers qu'allait sa plus grande sympathie, parce qu'il éprouvait tout leur attendrissement devant la vie, et que, comme eux, il cherchait à dérober ce sentiment sous le masque d'une ironie toujours en éveil mais jamais cruelle. Son sarcasme, quoiqu'on ait pu l'envisager comme une manifestation quelque peu amère, était plutôt celui qu'il attribuait à l'un des personnages de son premier roman : « bienveillant et anodin, sachant mêler les épines aux roses ».

Cet écrivain admirable était du reste l'homme le mieux élevé et le plus correct que j'aie jamais connu. L'urbanité apparaissait en Machado de Assis constitutionnelle et spontanée, c'est-à-dire que le premier mouvement était déjà chez lui le mouvement poli. Il n'avait pas à faire, comme tant d'autres, et du meilleur monde, un effort sur lui-même pour ne blesser ni ne heurter son prochain, car cette qualité de courtoisie supérieure lui était personnelle : c'était un don tout naturel plus encore qu'un produit de l'éducation. Il avait invariablement pour juger les événements un mot d'esprit, mais en général, des hommes il en faisait individuellement abstraction. Il a fait dire à l'un de ses personnages que « la valeur des hommes se mesure de différentes façons, mais que le moyen qui consiste à valoir par l'opinion des autres est le plus sûr. ». Ce n'était toutefois pas lui qui se serait chargé de juger les autres, du moins dans un but hostile. Je n'assure pas qu'il s'abstint de penser du mal de quelques-uns de ses semblables; mais, par principe, il ne disait du mal de personne. Tout au plus soulignait-il, en le répétant avec son léger bégayement naturel et un fin sourire dans ses yeux retranchés derrière le pince-nez, un jugement moins aigre que celui qu'il avait entendu et sur lequel il était d'accord. Cependant, que de malice pétillante dans quelques-unes de ses phrases, que d'ironie mordante dans quelques-uns de ses aperçus, le tout jeté à la légère, d'une façon pour ainsi dire distraite. Écoutez, par exemple, cette remarque :

« On ne perd pas tout dans les banques; l'argent lui-même, quand parfois il se perd, ne fait que changer de propriétaire. »

Sa politesse extrême dérivait d'une indulgence qui, loin d'être du cynisme, était, au contraire, une tolérance faite en proportions égales de bonté et de doute. La bonté, il l'avait dans l'âme; le doute, il se l'était acquis en coudoyant les choses et les gens, en observant le monde ou mieux les mondes qu'il connut, parce que la société de sa jeunesse avait entièrement changé au temps de sa maturité, et celle de 1888 semble retarder d'au moins soixante ans par rapport à la société d'aujourd'hui. « Venez donc voir la ville de Rio habillée à nouveau, m'écrivait-il à Caracas, il y a quatre ans. Vous aurez de la peine à la reconnaître. C'est une métamorphose qui vous étonnera; j'en suis tout surpris moi-même, quoique j'aie assisté à l'éclosion du papillon. »

Il en était ravi, lui aussi, car il l'aimait d'un grand amour cette ville de Rio de Janeiro, jolie comme pas une, d'où il n'était jamais sorti, et dont il a si bien pénétré l'âme et si aisément deviné les ressorts cachés. Si les pages descriptives manquent singulièrement dans son œuvre, sur laquelle ne se projette pas l'ombre la plus légère d'un paysage brésilien, de ville ou de campagne, c'est que la nature sauvage, apprivoisée ou parée, ne l'intéressait guère. Elle n'avait aucune influence sur ses sens. Si une remarque de ce genre s'imposait, il la faisait comme si la nature s'animait à ses yeux au point de présenter un aspect humain. Je prends au hasard cette phrase de *Quincas Borba* : « La pluie alors cessa un peu et un rayon de soleil parvint à percer le brouillard, — un de ces brouillards humides qui semblent émis par des yeux qui ont pleuré. » La vision morale se fixait seule sur sa rétine. Les seules forêts, les seuls paysages qui attirassent son attention, c'était les âmes et les cœurs, malgré ou peut-être à cause de l'importance exagérée prêtée par les romantiques brésiliens à la sensation vécue du milieu indigène. L'âme indigène lui avait cependant dévoilé ses mystères et l'avait heureusement inspiré : son recueil de poésies *Americanas*, daté de 1875, en fait foi; et l'indianisme, on peut le dire, n'a rien produit chez nous de plus tendre et de plus émouvant que ces tableaux des débuts de notre vie coloniale.

« L'amour, dit-il dans l'un de ses poèmes, l'amour qui s'infiltre dans l'âme et détruit la vie, est de tous les climats comme la lumière et l'air. » Ses indiennes l'éprouvent à la façon des femmes européennes. Potyra a la pudeur farouche des premières martyres chrétiennes, et Niani a la passion mortelle d'une infante délaissée. La licence poétique lui permet ces rapprochements psychologiques défendus par la prose plus sévère, car les créations de ces nouvelles peuvent convenir indistinctement à des phases différentes d'une même époque; mais elles sont véritablement de leur milieu, c'est-à-dire tout à fait locales. Si le Brésil entier pleure en Machado de Assis un maître de notre langue portugaise; si depuis les grands lyriques, Gonçalves Dias en tête, et le puissant et délicat José de Alencar, — le peintre de l'existence indigène et de l'existence civilisée, de la vie des villes et de la vie champêtre, qui, dans la phrase de l'écrivain que nous célébrons, composa avec la diversité des mœurs, des régions et des temps l'unité nationale de son œuvre, — personne n'a chez nous conquis le même prestige et exercé le même ascendant sur l'opinion, ou, pour mieux dire, sur le goût éclairé du public, l'auteur de *Braz Cubas* fut cependant le moins provincial de nos écrivains.

Ses *Contos Fluminenses* (dont l'équivalent, en France, serait : Contes Parisiens) furent les premiers qu'il fit paraître, et tous ceux qui suivirent restèrent dans le même cadre. Ces types qu'il a crayonnés, ces caractères dont il a enregistré l'évolution — en notant avec un art merveilleux les détails qui sont insignifiants pour le vulgaire, mais qui ne le sont jamais pour l'analyste, toute chose insignifiante ayant sa valeur documentaire et son importance, et constituant, dans son cas, l'objet d'une science concluante, — appartiennent à un monde plus large, ou du moins plus tolérant d'idées, d'habitudes plus douces et de rapports plus aisés. L'auteur le trouve et nous le fait trouver prodigieusement intéressant, parce que rien dans la vie de ce monde-là ne lui est indifférent. Il ne le prétend du reste pas extraordinaire ; il se contente de ce qu'il y voit et y trouve ample matière à réflexion : « la vie, dit-il, se compose de quatre ou cinq situations, que les circonstances font varier et multiplient à nos yeux ». Ceci se trouve dans *Quincas Borba*, et dans le *Mémorial de Ayres*, on trouve la même idée, plus développée : « la vie, c'est bien cela, une répétition d'actes et de gestes, comme dans les réceptions, les dîners, les visites et autres distractions ; de même dans les travaux. Les événements, pour peu que le hasard les embrouille et les débrouille, résultent maintes fois pareils dans le temps et dans les circonstances ; de même pour l'histoire, de même pour le reste. »

Machado de Assis a sûrement témoigné une sensibilité toute particulière dans l'étude du moral féminin. Pour commencer, il avait en piètre estime la vanité masculine, encore qu'il l'explique de façon plutôt ingénieuse en matière d'amour. « Pour ce qui est des aventures, rappelle-t-il dans *Braz Cubas*, j'ai trouvé des hommes qui souriaient, ou qui niaient difficilement, froidement, par monosyllabes, etc., tandis que leurs complices n'avaient l'air de rien et auraient juré par les Saints Evangiles que tout n'était que calomnie. La raison de cette différence est que la femme se livre par amour, soit par l'*amour-passion*, dont parle Sthendal, soit par celui purement physique de quelques dames romaines par exemple, ou polynésiennes, ou japonnes, ou cafres, et peut-être d'autres races civilisées; mais l'homme, — celui bien entendu qui appartient à une société cultivée et élégante, — unit sa vanité à l'autre sentiment. En outre, et je me rapporte toujours aux cas défendus, la femme, quand elle aime un autre homme, croit manquer à un devoir et cherche pourtant à dissimuler avec un plus grand art : elle doit raffiner la perfidie; tandis que l'homme, se sentant cause de la faute et vainqueur d'un autre homme, devient légitimement orgueilleux et passe tout de suite à un autre sentiment, moins âpre et moins secret : — cette bonne fatuité qui est la transpiration lumineuse du mérite. »

Venant en droite ligne et en succession immédiate du romantisme, un peu paladin de la femme par conséquent, il ne s'est jamais laissé bercer par l'illusion de ces réhabilitations si chères à la sensiblerie de l'école. Écoutez-le railler les tristesses de Menezes, dans le plus ancien de ses romans : « Il vivait maritalement avec une perle qu'il avait, peu de temps auparavant, ramassée dans la fange ; mais il avait découvert la veille, chez lui, des traces d'un autre amateur de pierres précieuses. Sûr de l'infidélité de sa maîtresse, il demandait conseil. »

L'écrivain est, on le voit, tout entier en germe dans ses premières productions. Dans ses contes de début existe déjà la note délicatement spirituelle des derniers, comme dans ses plus anciens romans on découvre l'investigation minutieuse et sympathique de l'âme humaine, qui distingue les plus récents. Naturellement le style a changé : il a acquis constamment de nouveaux dons jusqu'à en devenir irréprochable; mais même dans ses commencements, à sa période romanesque, ce style ne fut jamais rhétorique ni diffus. Le bon goût, vertu fondamentale de l'écrivain, et qui lui était d'ailleurs naturelle, l'en aurait détourné s'il n'y avait pas eu, pour le tenir éloigné des pires défauts de l'école, le caractère tout personnel de son œuvre qui le rend pour ainsi dire unique dans notre littérature.

On a surnommé distinction cette qualité littéraire du bon goût que Machado de Assis révèle à un si haut degré et qui, sans faire de lui un moraliseur en fait un moraliste. Son œuvre est saine et honnête ; elle est la preuve vivante que la vie peut être considérée même dans ses rapports sexuels, sans qu'il soit nécessaire ou même utile de verser dans l'immoralité. Dans les types féminins qu'il a créés, il existe toujours une retenue, une pudeur même, qui ne portent pas obstacle à leur fougue sentimentale — Rachel, Livia, Yaya Garcia sont bel et bien des amoureuses —; mais qui les maintient dans la bienséance, laquelle est d'ailleurs une règle de la vie, heureusement assez observée en général. Cela n'empêche point que ces types exquis soient rendus avec fidélité en même temps qu'avec décence.

Machado de Assis ne se vantait pourtant pas de connaître les femmes. *Résurrection,* son premier essai de roman, contient même cette phrase de psychologie méfiante : « Il ne suffit pas de voir une femme pour la connaître, il faut aussi l'entendre, quoique souvent il soit suffisant de l'entendre pour ne la connaître jamais. » Il ne se vantait du reste de rien, puisqu'il n'affichait aucune prétention, étant au fond un timide. C'est même cette timidité qui l'a empêché de donner plus d'essor à sa fantaisie qui était grande — ses poésies nous en fournissent la preuve — et qui, dans quelques-uns de ses contes et dans quelques-unes de ses chroniques, se permet d'endosser avec une grâce piquante le déguisement d'autres âges et d'autres civilisations. La poésie ne pourrait se passer de fantaisie, et la sienne est imprégnée d'une fantaisie peu échevelée, plutôt correcte, mais toutefois troublante, puisqu'elle évoque tous les problèmes de la vie et de la mort sous leur aspect complexe et suivant leur issue unique. C'est ce que, dans un élan ému, il appelle le monde de la lune : « cette mansarde lumineuse et réservée du cerveau, qui n'est que l'affirmation dédaigneuse de notre liberté spirituelle. »

Dans le roman, il s'est intentionnellement limité au monde ordinaire, et même à un coin de ce monde. Ses créations féminines, en particulier, procèdent bien du milieu *fluminense*. Elles sont des produits légitimes de la capitale, ces femmes à l'orgueil fréquemment chaste et au cœur sagace, dont la réserve est une des qualités, mais qui n'en sont pas moins séduisantes, parce que ce leur est une réserve intelligente, comme chez

Maison où vécut de longues années et où mourut
Machado de Assis

quelques autres, bien plus rares, la malice est également intelligente. « Cette dame, — écrivait, au sujet de Dona Cesaria, le Conseiller Ayres — cette dame ne vaudrait peut-être rien si elle n'avait du fiel. Je ne la vois jamais d'une autre façon, et cela est exquis... Il y a des moments où l'esprit de Dona Cesaria est tel qu'on regrette que ce qu'elle dit ne soit pas exact, et on le lui pardonne facilement. »

S'il use de délicatesse envers tous les âges, la vieillesse spécialement lui suggère un respect ému. Quelle créature adorable que cette Dona Carmo, la femme d'Aguiar — Mme Machado de Assis en réalité — « qui possède ce don de parler et de vivre par tous les traits et une faculté de charmer le monde... Ses cheveux blancs, nattés avec art et goût, donnent à son âge avancé un relief spécial et font que tous les âges se confondent en elle. » Mais ses jeunes filles sont-elles par hasard moins charmantes? Quelle création vivante que cette jolie Capitù, la fillette précoce d'esprit qui, dans une adorable idylle d'enfants, si simple et pourtant si attachante, guide, conseille et déjà domine de sa décision intelligente l'adolescent de volonté plus faible, qu'elle trompera plus tard, en plongeant dans les siens ses « *yeux de ressac*, — des yeux qui entraînaient en dedans, comme la vague qui se retire de la plage aux jours de ressac. »

L'éveil de l'amour chez Bentinho, les surprises qui chez lui en dérivent, la sensation du premier baiser, la conscience de son sentiment, tout cela se trouve décrit avec une légèreté de touche et un grain de malice qui sont d'un art consommé ! Le roman psychologique est là tout entier, avec ses enquêtes pénétrantes, quoique sans effort apparent, comme s'il s'agissait d'une suite de raisonnements faciles à la portée de tout le monde et dont tout le monde serait capable, et néanmoins si habilement dégagés, si magistralement conduits, que précisément les plus incisifs sont ceux qui semblent d'une déduction plus aisée.

On fait tout de suite la remarque, en passant

en revue toute l'œuvre de Machado de Assis, — une quinzaine de volumes, car il ne s'est pas trop prodigué, — que dans ses derniers livres il ne se préoccupe plus comme dans les premiers des incidents moins communs, je ne dis pas des rares ou des dramatiques, parce qu'il les a presque toujours écartés à dessein —; qu'il laisse plutôt couler la vie avec son train habituel et tranquille, sûr d'y trouver ample matière à observation et à méditation dans cette espèce de tête-à-tête avec son imagination, quand les idées, comme l'exprime une de ses belles phrases, « ouvrent les ailes et commencent à se heurter de côté et d'autre pour s'envoler, comme des oiseaux qui voudraient s'échapper d'une cage vers l'azur. »

Il semble que les personnages féminins de Machado de Assis disposent de plus de sagacité et d'énergie que les autres, bien que l'écrivain n'ait nullement été intentionnellement dur pour son sexe : Estacio et Jorge, par exemple, sont des modèles de droiture et d'honneur. Seulement, parfois, ils parviennent moins à maîtriser leurs sentiments. Comparez-les à une Yaya Garcia, l'enfant vive et espiègle qui, un beau jour, par l'effet d'un secret deviné, atteint la puberté morale puisqu'en elle éclôt subitement le sentiment de l'amour, et non seulement se trouve chérir celui qu'elle croyait détester, mais entend le posséder sans partage et le dispute à l'autre affection, refoulée mais pouvant renaître, l'enveloppant des fils de sa grâce câline et le conquérant par la seule force de son caractère.

L'écrivain ne se garde pas d'afficher une tendresse particulière pour les jeunes veuves : Livia et Fidelia ont été sa première et sa dernière création. On ne peut pas dire que l'âme des jeunes filles le troublait, — nous venons de mentionner des exemples qui le démentiraient — mais on dirait qu'il se défendait d'avoir à cher-chercher des caractères exceptionnels, trouvant en général dans ces jeunes âmes trop d'ingénuité et trop peu de résistance à l'amour. Il ne se lassait au contraire jamais d'épier la lutte du sentiment nouveau contre le sentiment ancien et paraissait se plaire à faire vaincre le regret par l'espérance, ce qui est une assez belle et heureuse façon de comprendre la vie. « La vie, s'écria-t-il un jour, en mettant cette réflexion sous la plume autobiographique de Dom Casmurro, la vie est si belle que l'idée même de la mort a besoin de surgir à la lumière, avant que la mort puisse trouver son accomplissement. »

On a cependant découvert, fréquemment même, le plus noir pessimisme dans l'ironie de Machado de Assis. Il me semble plutôt que la vieille distinction, si tranchée, entre l'optimisme et le pessimisme fait, cette fois encore, faillite. L'écrivain n'appartient exclusivement ni à l'une ni à l'autre de ces écoles : ni Démocrite, ni Héraclite. La conciliation est d'ailleurs dans sa nature. Il a écrit quelque part « que le ciel et la terre finissent par s'entendre : ce sont presque des frères jumeaux, le ciel ayant été créé le deuxième jour et la terre le troisième. » Il est plutôt et toujours lui-même, c'est-à-dire qu'on découvre dans son esprit un fond de mélancolie organique, qui n'arrive pas tout à fait à l'amertume, mais qui des fois s'épanouit en un sourire, — ce sourire dont il parle, qui effleure nos lèvres, quand nous approuvons intimement quelque chose qui va d'accord avec notre âme, — et d'autres fois en une larme mouillant à peine la paupière, sans un sanglot, parce que, comme il l'a observé à l'égard d'un de ses personnages, « l'intensité est plus dans le sentiment que dans l'expression. »

Sa mélancolie était un peu le produit de l'hypochondrie, cette fleur qu'il a dépeinte « jaune, solitaire et morbide, d'un parfum enivrant et subtil. » L'hypochondrie a cependant ses joies : il existe même une volupté de l'ennui, que l'auteur considère « une des sensations les plus fines de ce monde et de ce temps ». D'un autre côté, son optimisme était souvent du cynisme, bien entendu dans l'acception philosophique du terme dont l'esprit remonte à la morale socratique et comprend la glorification de la vertu par le renoncement au vice. *Braz Cubas* déduisait, il est vrai, de certaines réflexions, que le vice sert pas mal de fois d'engrais à la vertu, mais cela ne l'empêche pas d'avoir pour la vertu l'estime qu'on a pour une fleur odorante et saine.

La vérité est que Machado de Assis avait atteint, au moyen d'une assez longue évolution, cet équilibre parfait de la sensibilité qui se reflétait, comme dans un miroir poli, dans son style patiemment travaillé, mais en apparence coulant, clair et naturel. Ses premières productions tenaient par de fortes attaches au romantisme, non pas précisément au romantisme primitif, dont les sentiments étaient outrés, (il y a tout juste une réminiscence de celui-ci dans son conte intitulé *Frei Simão,* et assez dans les romans du début, *Helena* surtout) mais au romantisme de la dernière phase, plus conventionnel que débordant, où l'amour triomphe par sa fatalité bien plus que par son élan. Virgilia, la maîtresse mariée de Braz Cubas, de qui elle avait été un moment la fiancée, n'aime déjà plus avec passion : le romanesque avait expiré en elle et en lui. Elle aime, certes, d'amour; mais cet amour est fait de désœuvrement et de plaisir, il se rallume au jour le jour et s'éteint sans tragédie. Virgilia se retrouve veuve, affectueuse et tendre, au chevet de l'amant vieilli et moribond, comme le meilleur souvenir distant de sa vie et comme une bonne pensée en mouvement, jetant un démenti au pessimisme du vieux garçon oisif et rêveur.

Déjà du temps où ses couples d'amoureux longeaient l'abîme, s'obstinant à n'y voir « qu'un reflet de la voûte céleste », il le regardait autrement : l'ironie montait jusqu'à la surface littéraire et souriait des artifices du sentiment comme de ceux du langage. « Le ridicule, remarquait-il à ses débuts de romancier, est une sorte de lest que l'âme porte quand elle entre dans l'océan de la vie : il y en a qui font tout le voyage sans autre espèce de cargaison ». Ce fut l'ironie s'exerçant aux dépens de ces âmes-là qui le soutint, qui le distingua, qui le haussa : elle ressort de toute son œuvre et en constitue le fond permanent et solide, quoiqu'elle hésite à se livrer, qu'elle se reprenne, qu'elle se surveille et fasse la coquette avant de se manifester.

Par son extraordinaire talent d'écrivain et par sa profonde dignité littéraire, par l'unité de sa vie, toute vouée au culte de la beauté intellectuelle, et par le prestige exercé autour de lui par son œuvre et par sa personnalité, Machado de Assis était arrivé, tout en étant le moins bruyant des hommes, le moins enclin à se mettre en évidence, à être considéré et respecté comme le premier des hommes de lettres de son pays, le chef, si cette expression peut répondre à l'idée, d'une littérature jeune, mais qui possède déjà ses traditions et chérit surtout ses gloires. Il ne se montrait toutefois pas avide de louanges, ne se répandait même pas, rivé à ses habitudes, en dehors de son cercle, quoiqu'il fut un excellent causeur, spirituel et, ce qui plus est, attentif. Sa vie était on ne peut plus réglée et tranquille depuis qu'il avait quitté le journalisme actif, car il avait commencé comme tout autre par la chronique parlementaire, les échos du jour et la critique dramatique.

Sa matinée se passait au labeur littéraire, chez lui, dans sa gentille maison de Cosme Velho, où il fut à la fois si heureux et si malheureux, où il composa des chefs-d'œuvre, où il vit expirer sa femme, et où lui-même vit s'approcher la mort avec la conscience de son appel inflexible et avec une parfaite lucidité d'esprit. Son souvenir restera lontemps, toujours j'espère, associé à cette gorge verdoyante et fraîche, percée entre les montagnes granitiques, où des arbres immenses étendent un dais éternel de feuillage et où des sources claires jaillissent et fuyent avec un murmure plaintif et doux.

C'est un des endroits les plus ombragés et les plus pittoresques — ce qui n'est pas peu dire, s'agissant de Rio de Janeiro qui en possède une telle abondance, — et c'est peut-être aussi le seul qui n'ait pas encore éprouvé de grands changements, où la nature n'ait point été embellie par l'art; le seul qui ait conservé ce décor ancien que les vieilles estampes nous font voir fréquenté de calèches bondées et de cavaliers fringants.

Pendant la journée, on le savait à son bureau, au Ministère, car il appartenait à la légion des fonctionnaires publics, et assidu, ponctuel, zélé, comme rarement on en trouve, il remplissait ses fonctions avec une gravité et une conscience que son ironie appellerait touchantes, restant indifférent par devoir d'office aux changements de partis. Il n'était pourtant pas insensible, loin de là, aux choses d'intérêt national. Il y songeait davantage et avec un sentiment plus intense qu'il ne le laissait croire. Quant aux querelles de groupes à l'affût du pouvoir et aux brouilles de concurrents politiques, elles défiaient sa malice et le rendaient facilement persifleur. « La réconciliation éternelle entre deux adversaires électoraux — la remarque est faite par son Conseiller Ayres — devrait se compter comme un châtiment infini. Je n'en connais pas de pareil dans la Divine Comédie. Dieu, quand il veut être Dante, est plus grand que Dante. »

Tard dans l'après-midi, on voyait invariablement l'écrivain chez son éditeur, à la librairie Garnier, où se tient un cercle, je dirais même un cénacle, s'il n'était ouvert à toutes les opinions et à toutes les idées. Ces five o'clock intellectuels sont même devenus une tradition, puisqu'ils datent d'un demi-siècle. Machado de Assis qui leur resta tout le temps fidèle et servit de trait d'union entre les deux époques, si différentes elles aussi, parle dans une de ses chroniques des fréquentes rencontres qu'il y eut jadis avec José de Alencar : « assis tous les deux, écrit-il, face à la rue, que de fois n'avons-nous pas traité ces questions d'art et de poésie, de style et d'imagination, qui valent toutes les fatigues de ce monde. »

Cela se passait dans l'étroit magasin, du temps de l'empire. On a plus d'espace... et plus de chaises dans la nouvelle et magnifique librairie. La nature des conversations seule n'a pas changé. On commente toujours les choses du pays et de l'étranger ; on discute sur les sujets politiques et de préférence sur les sujets littéraires ; on échange force jugements et quelques paradoxes : heures toutes charmantes et pour moi inoubliables! Machado de Assis s'y attardait plus que tout autre, n'ayant pas l'habitude de rentrer avant six ou sept heures. Nous le plaisantions quand, au moment de se disperser, on le voyait chercher des prétextes pour descendre et remonter la rue d'Ouvidor.

Une fois par semaine, les vacances exceptées, il se rendait aux séances de l'Académie, dont il était le président incessamment réélu, et où les choses se passaient avec la placidité proverbiale de ces compagnies, exception faite de la discussion sur la réforme de l'orthographe : une question qui a le don de soulever partout des débats passionnés, probablement parce que personne ne connaît au juste cette partie de la grammaire.

La soirée, il la passait chez des amis de longue date, des voisins de campagne, pourrait-on dire presque, tant le Cosme Velho semble éloigné, la nuit, des lumières et de la gaîté de la ville. On y bavardait, on y jouait l'hombre, voire le bridge, on y faisait de la musique ; et, dans la société des jeunes gens, il puisait de la bonne humeur et de l'entrain. Allant d'un groupe à l'autre, tout en gardant son air effacé et sa politesse si distinguée, justement parce qu'elle était spontanée, il aurait pris garde seulement de s'asseoir sur le canapé, parce qu'il avait sur ce meuble des idées particulières. Il y voyait bien alliées l'intimité et la bienséance, mais ne pouvait s'empêcher d'ajouter : « Deux hommes assis sur un canapé peuvent débattre la destinée d'un empire, comme deux femmes peuvent s'entretenir de la beauté d'une toilette; mais ce n'est que par une aberration des lois naturelles qu'un homme et une femme y parleront d'autre chose que d'eux-mêmes ».

C'est ainsi qu'il a vieilli, en conservant cette dignité austère qui, selon lui, est la grâce du vieillard, « car la vieillesse ridicule — tels sont ses propres mots — est peut-être la plus triste et la dernière surprise de la nature humaine ». La vieillesse solitaire lui paraissait cependant un fardeau.

Dans son horreur d'être banal et dans sa préoccupation constante de courtoisie, il en était arrivé à se demander — un de ses amis les plus dévoués m'a communiqué cette impression — s'il n'était pas devenu indifférent ou même ennuyeux aux autres, s'il n'avait pas assez vécu par l'intelligence pour que l'heure eût sonné de céder la place aux nouveaux arrivés, et s'il n'avait pas produit trop longtemps pour ne pas porter ombrage.

La vieillesse ! il en a dégagé assez douloureusement la philosophie, quand il a fait écrire par la plume de Dom Casmurro les réflexions suivantes, après que ce personnage eût fait bâtir une maison entièrement pareille à celle dans laquelle s'était écoulée son enfance et sa jeunesse, et après qu'il eût reconstitué ainsi le décor des temps les plus heureux de son existence : « Mon but était
» de nouer les deux bouts de la vie et de reconsti-
» tuer, dans la vieillesse, l'adolescence. Eh bien !
» je ne suis pas parvenu à recomposer ce qui a
» été ou ce que j'ai été. Si le visage est le même,
» la physionomie est de tous points différente.

» S'il n'y avait que les autres qui fissent défaut,
» passe encore : on se console plus ou moins
» des êtres qu'on a perdus ; mais il y manquait
» moi-même, et cette lacune est irréparable. Ce
» que j'ai devant moi est, mal comparé, sembla-
» ble à la teinture sur la barbe et sur les che-
» veux, et qui ne fait que conserver l'apparence
» extérieure, suivant le langage des autopsies :
» l'intérieur ne supporte pas les teintes. Un cer-
» tificat qui me donnerait vingt ans pourrait trom-
» per les étrangers, comme tout document faux,
» mais non moi-même. Les amis qui me restent
» sont de date récente : tous les anciens s'en
» sont allés étudier la géologie des cimetières.
» Quant aux amies, quelques-unes datent de 15
» ans, d'autres de moins, et presque toutes ont
» foi dans leur jeunesse. Deux ou trois en au-
» raient persuadé les autres, mais le langage
» qu'elles parlent oblige souvent à consulter les
» dictionnaires, et cette consultation perpétuelle
» ne laisse pas d'être fatigante ».

Si Machado de Assis vit approcher la mort

avec un certain effroi, c'est qu'il avait en horreur la dégradation physique. Il était d'ailleurs trop épris de la beauté des choses pour envisager autrement la souffrance, laquelle, presque toujours, est une déchéance. Cette misère lui a été épargnée. Son agonie fut cruelle mais courte, et, jusqu'au dernier moment, il garda cette souplesse d'esprit qui était sa faculté maîtresse et dont son style a été l'image. Il n'eut pas le frémissement douloureux de vérifier en lui-même cette terrible chose qu'un écrivain britannique a appelée, avec l'exactitude de la langue anglaise, la « sclérose intellectuelle », c'est-à-dire l'endurcissement progressif des artères de l'intelligence et de la sensibilité. Il enfanta de beaux livres jusqu'à la fin. Seulement, en m'envoyant le dernier-né de ceux-ci, il m'écrivait, deux mois à peine avant sa mort : « Ce livre est vraiment le dernier. Maintenant, je n'ai plus la force ni la volonté de m'asseoir devant ma table et d'en commencer un autre : je suis vieux et fini. » Et quand il se jugea littéralement épuisé, il considéra sa tâche comme terminée, et sa tâche voulait dire sa vie. Celle-ci était arrivée à être pour lui ce qu'il avait un jour défini : « un tumulte qui n'est pas la vie et un silence qui n'est pas la quiétude. » On ne pourrait rêver pour un artiste une mort plus propice !

Deux mots encore avant de terminer. Nous avons déjà lié connaissance avec le genre de sa philosophie, ou, plus précisément, avec la philosophie de Braz Cubas, dont les mémoires, véritablement d'outre-tombe, constituent son chef-d'œuvre et la photographie de son âme, — je ne dis pas, notez-le bien, de son existence, car la partie anecdotique en est de pure imagination, il n'y a que la partie psychologique qui, seule, ait un caractère personnel. Aucun de ses livres n'est écrit, en effet, avec autant de vivacité, et aucun ne renferme autant de pessimisme, ni surtout un sentiment aussi pénétrant des injustices de la destinée, une vision de l'aspect lamentablement comique des choses, mêlée à une tendresse chagrine comparable à celle de Pierrot. La mort de sa mère, par exemple, l'émeut par cette impression d'iniquité fatale plus encore que par l'affliction filiale : « C'était la première fois que je voyais mourir quelqu'un, — dit Braz Cubas — je ne pleurai point ; je me rappelle que je ne pleurai point : j'avais les yeux égarés, la gorge serrée, la conscience terrifiée... Quoi ? une créature aussi docile, aussi douce, aussi sainte, qui n'avait jamais fait verser la moindre larme à personne, mère affectueuse, épouse irréprochable, fallait-il qu'elle mourut ainsi, tourmentée, mordue par la dent tenace d'un mal sans merci ?... J'avoue que cela me parait obscur, inconséquent, insensé... »

S'il y a quelque amertume dans cette philosophie, — et quel humorisme n'en est pas rempli ? — la raison en est surtout qu'elle vient de l'autre monde, sincère et franche donc, libre de préjugés et de ménagements. « La franchise — écrit Braz » Cubas — est la première qualité d'un défunt. » Pendant la vie, la présence de l'opinion, le

» conflit des intérêts, la lutte des convoitises
» nous forcent à cacher les vieux haillons, à
» masquer les déchirures et les racommodages,
» à ne point étaler au monde les révélations
» faites à notre conscience; et le meilleur de
» l'obligation est quand, à force de tromper les
» autres, on arrive à se tromper soi-même, parce
» que, en pareil cas, on s'épargne la honte qui
» est une sensation pénible et l'hypocrisie qui
» est un vice hideux. Mais après la mort, quelle
» différence! quelle délivrance! quelle liberté!
» Comme on peut rejeter son manteau, se dé-
» barrasser des oripeaux, se détacher de tout,
» enlever tout maquillage, dépouiller tous orne-
» ments, confesser tout bonnement ce qui a été
» et ce qui n'est plus! Parce que, en somme, il
» n'y a plus de voisins, ni d'amis, ni d'ennemis,
» ni de connaissances, ni d'étrangers : il n'y a
» plus de galerie. Le regard de l'opinion, ce
» regard inquisiteur et judiciaire, perd sa vertu
» aussitôt qu'on entre dans le domaine de la
» mort; je ne dis pas qu'il ne le dépasse pas et

» ne nous examine et ne nous juge plus; mais
» examen et jugement nous importent désormais
» bien peu. Messieurs les vivants, il n'y a rien
» d'incommensurable comme le dédain des
» morts. »

M. DE OLIVEIRA LIMA
de l'Académie Brésilienne de Lettres.

Rio de Janeiro, Agosto 1 de
1908

Meu eminente amigo,

Esta tem por fim dizer-lhe que ainda não morri,—tanto que lhe remeto um livro novo. Chamei-lhe "Memorial de Ayres." Mas este livro novo é deveras o ultimo. Agora já não tenho forças nem disposição para me sentar a começar outro; estou velho e acabado.

Mande-me noticias suas

[Handwritten letter facsimile]

FAC-SIMILE D'UNE LETTRE DE MACHADO DE ASSIS
ADRESSÉE A M. OLIVEIRA LIMA.

Machado de Assis

Romancier, Conteur & Poète

MACHADO DE ASSIS

ROMANCIER, CONTEUR & POÈTE

Si jamais le Brésil a senti à quelle hauteur le mérite du style et l'art de la composition pouvaient élever un de ses écrivains, c'est par l'exemple de Machado de Assis. Après un demi-siècle de labeur littéraire, cet homme laisse une œuvre profondément originale, imposante et sincère, marquée en maintes pages des traits saisissants du génie. Cette œuvre ne se recommande pas seulement par la grâce et la noblesse d'une forme dont la perfection voulue est un des ornements naturels; elle est parfois si élevée dans sa conception, si émouvante dans sa simplicité et sa beauté, qu'elle en acquiert un intérêt plus large, plus général et pour ainsi dire universel. Sans doute, l'artiste s'y révèle doué de rares aptitudes d'observation et d'analyse; mais ce qu'il atteste surtout, à un degré supérieur, c'est l'imagination, — la vraie, celle qui ne se borne pas à créer des êtres et des événements, qui sait aussi leur donner un relief inattendu, dégager leur signification précise et les embellir d'une poésie particulière, pénétrante et personnelle.

* * *

L'auteur de *Braz Cubas* est de ceux qu'une seule formule ne suffit pas à définir. Sa nature est trop complexe; elle est ondoyante et diverse, infiniment variée et souple. On a vainement essayé de le comparer; du moins l'on peut affirmer qu'il est sans égal dans la littérature de son pays. A vrai dire, il ne travaillait d'après aucun procédé connu; il se tenait en dehors de toute coterie et ne se réclamait d'aucune école. Il mettait toute son ambition à ne relever que de lui-même. A sa modestie exquise s'alliait une discrétion élégante, aussi M. José Verissimo a pu dire de lui « qu'il n'avait d'aversion marquée que pour le mauvais goût, de mépris que pour la banalité et la platitude; mais que, pour sa part, il ne se piquait de rien, réalisant ainsi le type du vrai honnête homme, au sens où l'entendait La Rochefoucauld. »

Sa passion pour les lettres fut toujours très vive; elle le domina toute sa vie. Par-dessus tout il aimait sa tâche et y trouvait ses meilleures joies; il y apportait peut-être plus de conscience et de scrupule que la plupart de ceux qui font profession d'écrire, mais il n'en tirait point vanité. En composant ses livres, il n'avait nul souci d'étonner; il se montrait également dédaigneux des effets faciles et des ressources ordinaires, des dénouements laborieux et des intrigues compliquées. Son idéal était fait de simplicité et de vérité. Il s'appliquait sans cesse à l'exactitude. Son observation était aussi minutieuse que patiente. Nul ne se flattait davantage de n'être point dupe des apparences. Jamais il ne se lassait de faire le tour des choses et de les considérer sous les multiples aspects qu'elles présentent. Cela lui permettait de découvrir des rapprochements nouveaux, des comparaisons spirituelles, des déductions ingénieuses. Peintre de sentiments et de caractères, il avait avant tout le sens du réel. Il excellait à saisir les jeux de physionomie, à démêler les états d'âme, à surprendre les gestes et les attitudes. Il en donnait toujours l'interprétation juste, savait en montrer le détail insoupçonné, en faire valoir le côté sérieux ou en souligner le ridicule. Ainsi même et telle qu'il l'a exprimée dans ses écrits, sa vision personnelle du monde ne manque pas de grandeur. Elle dénote surtout une rare sûreté du coup d'œil.

Toute exagération le choquait. Il se défiait lui-même de toute tendance excessive. Et cependant, quelques-uns de ses héros ne laissent pas d'être un peu inquiétants par leur étrange tour d'esprit. Son Braz Cubas et son diplomate Ayres, par exemple, trahissent de singulières habitudes de doute et d'hésitation. Ils nous apparaissent parfois comme des sages désorientés par l'excès de leur sagesse. Un penchant maladif à s'analyser et à se surveiller finit par les obséder, par embarrasser de plus en plus leur volonté et leur jugement. Ce sont néanmoins des figures vraisemblables et complètes, logiquement étudiées, fortement conçues, si vivantes même qu'elles demeurent ineffaçables dans le souvenir. Outre leur parenté d'esprit évidente, ses personnages favoris accusent aussi une certaine ressemblance avec lui-même, et ce n'est pas le moins piquant de leurs attraits. On est obligé de reconnaître qu'ils ont beaucoup vécu de sa vie méditative. Ils la reproduisent parfois au point de nous en donner l'illusion. On découvre avec eux une partie du monde idéal qu'habitait l'artiste; un monde qui émanait bien de lui et où tout se nuançait du reflet de son âme tour à tour grave et souriante, mélancolique et tendre.

* * *

C'était un Latin. A cette tradition d'origine, il doit la qualité de son ironie qui est délicate, légère, indulgente même, sinon dépourvue de toute âpreté. Par là s'expliquent aussi l'équilibre, l'harmonie même de ses facultés très diverses, sa recherche constante de la mesure et son sentiment si vif de la forme. En dehors de ses romans et de ses mémoires, il s'est complu dans un genre de compositions courtes, mais soignées, finies, où le penseur, l'humoriste, le philosophe, le poète s'exercent avec un égal talent. Les scènes familières ou sentimentales, les épisodes dramatiques ou tragiques y tiennent tout entiers dans quelques pages, et rien ne leur sied comme ce contour serré et précis. Il s'est abstenu à dessein de toute fantaisie descriptive, de tout tableau de nature ; mais il rachète la sécheresse du décor par l'abondance de la documentation psychologique, par la richesse des aperçus suggestifs. Plusieurs de ses nouvelles sont bien près d'être des chefs-d'œuvre. Nous n'en voulons pour témoignage que celle de l'*Infirmier,* choisie entre vingt autres non moins jolies. L'art s'est rarement assimilé la vie à un degré plus intense. En quelques mots un caractère est tracé, un aspect de physionomie soudainement éclairé. A aucun moment l'allure du récit ne se trouve ralentie. Pas un détail ne détonne. Les acteurs se meuvent en pleine lumière. On croit les entendre parler. Ici encore, Machado de Assis nous charme par son aisance, par sa verve, par sa raillerie fine et implacable. Car il a su la rendre captivante jusqu'à la fin, il faut l'avouer, cette confession du criminel sceptique et avisé qui n'hésite pas à mettre son cœur à nu pour nous en faire voir toute la perversité déconcertante. Remarquons la gradation savante avec laquelle le conteur sait distribuer l'intérêt et l'émotion; admirons sans réserve l'habileté dont il fait preuve en relevant d'une pointe malicieuse les situations les plus dramatiques. Il existe très peu d'exemples, croyons-nous, d'une science plus exercée, d'une plus puissante sobriété.

Mais qu'on ne s'y méprenne point. Sous le rire volontiers satirique de cet humoriste, une tristesse se devine, une tristesse persistante, invincible, moqueuse, à la fois amère et douce, toujours prête à se railler. Elle transparaît à chaque instant derrière les lignes de ses autobiographies intellectuelles, et, examinées de ce point de vue, les révélations de Ayres et de Braz Cubas sont, à n'en pas douter, la plus fidèle et la plus édifiante synthèse qu'il se soit plu à nous léguer de son « moi ». On ne peut que lui savoir gré d'un tel effort de sincérité. C'est par ces livres-là qu'on apprécie vraiment Machado de Assis. C'est par eux qu'on l'aperçoit de plus près et qu'on se prend à l'aimer. C'est en les relisant aujourd'hui qu'on se le représente le mieux; qu'on subit malgré soi la séduction de sa souffrance fière et discrète, encore qu'il ait mis une sorte de coquetterie à nous la voiler jalousement sous la parure éclatante de son style. Car, il a beau s'en défendre, il y avait chez lui un fond de pessimisme inné. Une expérience précoce, une secrète désillusion l'inclinaient à la mélancolie. Quelque soin qu'il ait pris de la dissimuler dans sa prose et de la désavouer chez ses personnages d'emprunt, il est certain qu'il en a souffert plus qu'il ne l'a laissé paraître. Il suffit de parcourir son volume de vers pour s'en convaincre.

* * *

En effet, s'il invoque sa Muse, — sa *Muse aux yeux verts,* comme il l'appelle, — que lui demande-t-il sinon de « chasser les ombres qui peuplent son esprit et de dissiper la nuit obscure et froide qui pleure mélancoliquement au fond de lui-même » ? Mais c'est là un aveu qui lui échappe assez rarement. Tout porte à croire qu'il se le reprochait comme une faiblesse. Son esprit était trop averti pour ne pas le mettre en garde contre tout épanchement lyrique. On ne peut s'empêcher d'en faire la remarque en lisant attentivement les autres pièces de son recueil. Son poème *Une Créature* est très significatif à cet égard. Dès le début, on sent qu'il s'est ressaisi, qu'il a retrouvé son accent mâle et énergique :

« *Je sais une créature antique et formidable
Qui se dévore elle-même les membres et les entrailles
Avec l'avidité d'une faim insatiable...* »

Il ne déclame point. Il émet tranquillement son réquisitoire philosophique. Il n'y mêle aucune plainte, aucun regret. Est-ce à dire qu'il ne souffre pas à l'idée de destruction, qu'il reste indifférent devant les décevantes contradictions de la nature ? Point du tout. Mais ici son inspiration succède à une longue réflexion. Aussi, quel caractère définitif revêtent ses idées lorsqu'elles sont condensées de la sorte ! Au moment où il écrit, il a recouvré la pleine possession de lui-même. Sa tristesse est infinie, mais sereine.

Du moins, il la laisse supposer telle par le superbe mépris dont il accable celle qui « ne connaît que despotisme et égoïsme »; qui « contemple froidement la joie et le désespoir »; qui « redouble d'effort quand il s'agit de détruire »; qui « aime d'un même amour le pur et l'impur »; qui « n'a pas plus de tendresse pour le colibri que pour le ver »; qui « brûle le sein de la fleur et corrompt le fruit »; qui « commence et recommence sans fin son perpétuel travail »; et qui, « souriante, se soumet à l'immuable loi... » Cette riante obéissance aux lois éternelles, le poète n'est pas loin de la professer lui-même. Il ne se fait, certes, aucune illusion sur notre commune destinée; mais il se flatte encore de quelque stoïcisme. C'est pourquoi, en terminant cette âpre évocation, il prend soin de nous avertir que le but qu'il s'est proposé ici n'est peut-être pas tel que nous nous le figurons. A l'en croire, il se serait borné à développer un simple argument, dont le sens, résumé par le dernier vers, est à peu près celui-ci : « La Mort est le creuset de la

Vie ». Au fond, la précaution est bien superflue ; loin de faire oublier l'impression première, il semble qu'elle la renforce. Tout le morceau est d'une gravité hautaine et expressive. Jamais, croyons-nous, Machado de Assis n'a envisagé le mal universel d'un cœur aussi détaché. Jamais le désenchantement de sa pensée ne s'est exprimé avec plus de concision.

Sous le titre *Suave Mari Magno,* il évoque, en un minuscule sonnet, un de ses sombres souvenirs. Il se rappelle avoir vu, au cours d'une promenade de printemps, un pauvre chien empoisonné qui se débattait dans les affres de la mort ; et après nous avoir dit toute l'horreur de ce spectacle, après en avoir fait ressortir la note cruelle et réaliste, voici ce qu'il ajoute en manière de conclusion :

> « *Pas un, pas un seul passant*
> *Ne manquait de s'arrêter,*
> *Silencieux,*
>
> *Près de ce chien moribond,*
> *Comme si chacun éprouvait de la joie*
> *A le voir souffrir.* »

Cet exemple suffit pour montrer ce que ces vers ont parfois de trop intellectuel, de trop artificiel aussi. L'erreur de Machado de Assis fut de croire que la poésie pouvait se dérober à toute sensibilité et bannir impunément la sympathie et la pitié. Toutefois, s'il s'est ainsi abusé, il l'a fait loyalement et il serait injuste de ne pas lui tenir compte de sa louable sincérité. Au surplus, pourrait-on lui tenir rigueur de ce qui ne fut chez lui qu'une tendance à la réaction ? Que l'on songe aux abus auxquels les poètes brésiliens de son époque se sont livrés parfois avec tant de complaisance ! Et hâtons-nous de le dire, ses poèmes se réclament par ailleurs de nombreuses et excellentes qualités. La forme en est pure, classique même. Le souffle ni le lyrisme ne leur font pas entièrement défaut. On admire unanimement son *Ode à Anacréon*, ses *Vers à Corinne*, son *Élégie*, sa *Dernière Journée* et ses « Américaines », où, avec la vigueur des idées modernes, il interprète magnifiquement le passé légendaire de son pays. Mentionnons aussi sa traduction si estimée du

Corbeau d'Edgar Poe, version rimée et rythmée qui atteint à l'ampleur d'une création, tant elle exhale de troublante mélancolie. Parfois on retrouve dans ses vers tous les heureux privilèges de l'artiste, tout le talent de l'écrivain perspicace et inventif. Plusieurs de ses compositions sont assurément d'une notation délicieuse et frappante, témoin celle intitulée *Enfant et Jeune fille*. Mais voici mieux encore : Machado de Assis a composé *en vers français* quelques strophes exquises et d'irréprochable facture. Ce nous est un plaisir de les citer ici :

UN VIEUX PAYS

Il est un vieux pays, plein d'ombre et de lumière,
Où l'on rêve le jour, où l'on pleure le soir ;
Un pays de blasphème, autant que de prière,
    Né pour le doute et pour l'espoir.

On n'y voit point de fleurs sans un ver qui les ronge,
Point de mer sans tempête, ou de soleil sans nuit ;

Le bonheur y paraît quelquefois dans un songe,
    Entre les bras du sombre ennui.

L'amour y va souvent, mais c'est tout un délire,
Un désespoir sans fin, une énigme sans mot ;
Parfois il rit gaiment, mais de cet affreux rire
    Qui n'est peut-être qu'un sanglot.

On va dans ce pays de misère et d'ivresse,
Mais on le voit à peine, on en sort, on a peur ;
Je l'habite pourtant, j'y passe ma jeunesse......
    Hélas ! ce pays, c'est mon cœur.

On voit avec quelle aisance ce lettré maniait notre vers, savait aborder les difficultés de notre métrique, — et les résoudre ! Il ne pouvait mieux témoigner de sa parfaite connaissance de notre belle langue, ni mieux dire tout le bien qu'il en pensait. Par là, ne nous donne-t-il pas la meilleure preuve de l'estime et de l'admiration qu'elle inspirait à son esprit profondément épris de clarté, de logique et de souveraine élégance ? Que ce lui soit un titre de plus à notre sympathie.

*
* *

Sans doute, la poésie ne fut pas sa seule, son unique passion; mais, de l'avoir cultivée et raisonnablement aimée, il garda toujours intacte cette foi en l'idéal et cette grâce harmonieuse qui font le charme incomparable de ses écrits. Voilà ce qui lui a permis d'atteindre presque sans effort aux plus hautes, aux plus diverses, aux plus subtiles manifestations de sa pensée, et de les revêtir d'une forme vraiment belle et durable. Que si, de son propre aveu, sa Muse ne fut que la divine consolatrice de ses désillusions; si elle ne fut la confidente ni de grands enthousiasmes, ni de tendresses débordantes, ni de pitiés sublimes, du moins elle lui dicta de jolis vers délicatement nuancés, où s'exprima, non sans éloquence, la fierté de son rêve calme et résigné. Non, la Muse ne le posséda jamais tout entier; mais elle ne lui fut point avare de ses dons. Elle le guida et le soutint dans sa tâche. Elle lui inspira le zèle du beau et la douceur du rythme.

Elle lui rendit même au centuple le peu d'affection qu'il lui voua, car elle fit rayonner son clair, son immortel sourire jusque dans les pages les plus impassibles de sa prose merveilleuse, ennoblissant ainsi du meilleur de ce qui était en elle cet amoureux du contour impeccable, ce génial observateur de l'âme humaine, cet imperturbable ironiste dont le cœur abdiquait devant l'intelligence.

Victor ORBAN.

L'INFIRMIER *

ALORS, vraiment, il vous semble que ce qui m'est arrivé en 1860 peut fournir la matière d'un conte? Soit. Je vais vous narrer mon aventure, mais à l'unique condition que vous ne la divulguerez pas avant ma mort. Vous n'attendrez pas longtemps,

---

* Cette traduction et les suivantes sont dues à M. Victor Orban.

peut-être huit jours au plus; je suis condamné.

J'aurais pu vous faire le récit de ma vie entière et de beaucoup d'autres faits intéressants ; mais pour cela il faudrait du temps, du courage et du papier. Or, le papier seul ne me fait pas défaut ; mon courage est faible, et quant au temps dont je dispose encore, il ne peut mieux se comparer qu'à celui que la veilleuse met à s'éteindre. Le soleil du lendemain va se lever bientôt, un soleil éblouissant, impénétrable comme la vie. Adieu donc, mon cher monsieur, lisez ceci et ne m'en veuillez pas ; pardonnez-moi ce qui vous paraîtra mauvais et ne vous plaignez pas trop si la rue exhale une odeur désagréable qui n'est pas celle de la rose. Vous m'avez demandé un document humain, le voici. Ne me demandez ni l'empire du Grand Mongol, ni la photographie des Macchabées; mais demandez-moi, si vous voulez, mes souliers de défunt, et je vous les léguerai à vous seul et à personne d'autre.

Vous savez déjà que cela se passa en 1860. L'année précédente, vers le mois d'août, à l'âge de quarante-deux ans, j'étais devenu théologien ; — je veux dire que je copiais les études de théologie d'un prêtre de Nichteroy, ancien condisciple de collège, qui me donnait ainsi, délicatement, le vivre et le couvert. En ce même mois d'août, donc en 1859, il reçut une lettre d'un ami de province. Le vicaire d'une petite ville le priait de lui procurer une personne intelligente, discrète et patiente, qui voulût, moyennant de bons gages, servir d'infirmier au colonel Filibert. Le prêtre me proposa la place et je l'acceptai avec empressement, car j'en avais assez de copier des citations latines et des formules ecclésiastiques. Je me rendis d'abord à Rio pour prendre congé d'un frère qui habitait la capitale, et de là je partis pour la petite ville de l'intérieur.

Quand j'y arrivai, je reçus de mauvais renseignements sur le compte du Colonel. On me le représenta comme un homme désagréable, dur, exigeant ; personne ne le supportait, pas même ses propres amis. Il ne changeait pas souvent de remède, mais il changeait fréquemment d'infirmier. A deux de ceux-ci il avait cassé la figure. Il m'importait peu; je ne craignais pas les gens bien portant, moins encore les malades. J'allai d'abord faire visite au vicaire qui me confirma tout ce que j'avais appris et me recommanda la mansuétude et la charité; puis je me dirigeai vers la demeure du Colonel.

Je le trouvai au balcon de sa maison, étendu sur une chaise et fort oppressé. Il me reçut assez bien. Il commença par m'examiner en silence, fixant sur moi deux yeux de chat observateur; ensuite une sorte de sourire malicieux détendit ses traits qui étaient plutôt durs. Enfin, il me déclara que tous les infirmiers qu'il avait eus à son service ne valaient rien, qu'ils dormaient trop, étaient arrogants et passaient leur temps à faire la cour aux servantes; deux même étaient voleurs!

— Êtes-vous voleur, vous?

— Non, monsieur.

Alors il me demanda mon nom. A peine le lui avais-je décliné qu'il eut un geste d'étonnement.

— Vous vous appelez Colombo?

— Non, monsieur. Je m'appelle Procopio José Gomes Vallongo.

Vallongo? — Il trouva que ce n'était pas un nom de chrétien et me proposa de m'appeler simplement Procope. Je lui répondis que ce serait comme bon lui semblerait.

Si je rapporte ce détail, c'est non seulement parce qu'il me semble bien dépeindre le colonel, mais aussi pour vous montrer que ma réponse lui fit une assez bonne impression. Le lendemain, il déclara au vicaire qu'il n'avait jamais eu d'infirmier plus sympathique. Le fait est que nous vécûmes une lune de miel d'une semaine.

Dès le huitième jour, je connus la vie de mes prédécesseurs, une vie de chien. Je ne dormais plus, je ne pensais plus à rien, je recevais des injures et j'en riais de temps à autre avec un air résigné et soumis, parce que je m'étais aperçu que c'était une façon de lui plaire. Ses impertinences provenaient autant de sa maladie que de son tempérament. Sa maladie était des plus compliquées : il souffrait d'anévrisme, de rhumatisme et de trois ou quatre affections moindres. Il avait près de soixante ans, et depuis l'âge de cinq ans, tout le monde devait lui obéir. Qu'il fût seulement bourru, passe encore ; mais il était aussi très méchant. Il se réjouissait de la douleur et de l'humiliation des autres. Au bout de trois mois, j'étais las de le supporter et bien résolu à m'en aller ; l'occasion seule me manquait.

Elle ne se fit guère attendre. Un jour, comme je tardais à lui donner une friction, il prit sa canne et m'en frappa avec violence. Il n'en fallait pas davantage. Je lui donnai sur le champ mon congé et j'allai préparer ma malle. Il vint me trouver dans ma chambre ; il me supplia de rester, m'assura qu'il n'y avait point de quoi se fâcher, qu'il fallait excuser sa mauvaise humeur de vieillard.... Il insista tant que je consentis à rester.

— Je suis à l'extrémité, Procope, — me dit-il ce soir-là ; — je n'ai plus que peu de temps à vivre. Je suis sur le bord de la fosse. Vous irez à mon enterrement, Procope; je ne vous permets pas de ne pas y aller. Vous irez, vous prierez sur ma tombe. Sinon, — ajouta-t-il en riant, — je reviendrai la nuit pour vous tirer par les jambes. Est-ce que vous croyez aux âmes de l'autre monde, Procope?

— Allons donc!

— Et pourquoi n'y croyez-vous point, monsieur le bêta? répliqua-t-il vivement, en écarquillant les yeux.

C'est ainsi qu'il était dans ses bons moments; je ne sais si cela peut vous donner une idée des autres.

Il s'abstint des coups de canne; mais ses injures restèrent les mêmes, si elles ne devinrent pires. Moi, avec le temps, je m'étais endurci, je ne faisais plus attention à rien; j'étais âne bâté, chameau, ignorant, idiot, lourdeau, j'étais tout! Encore faut-il savoir que j'étais seul à recevoir tous ces noms. Il n'avait plus de parents; il avait eu un neveu, mais celui-ci était mort phtisique. Quant aux amis, ceux qui parfois venaient le flatter et l'approuver ne lui faisaient qu'une courte visite, cinq ou dix minutes tout au plus. Moi seul j'étais toujours là pour recevoir l'avalanche de ses insultes. Plus d'une fois je voulus le quitter ; mais comme le vicaire m'exhortait à la patience et me suppliait de ne pas l'abandonner, je finissais toujours par céder.

Non seulement nos relations devinrent très tendues, mais j'avais hâte de retourner à Rio. Ce n'est pas à quarante-deux ans qu'on s'accoutume à une reclusion perpétuelle aux côtés d'un malade hargneux et brutal, au fond d'un village éloigné. Pour vous faire une idée de mon isolement, qu'il vous suffise de savoir que je ne lisais même pas les journaux ; à part quelque nouvelle plus ou moins importante qu'on apportait au colonel, j'ignorais tout. Je désirais donc regagner Rio à la première occasion, quitte même à me brouiller avec le vicaire. Et il est bon d'ajouter — puisque je fais ici une confession générale — que n'ayant rien dépensé de mes gages, je brûlais d'aller les dissiper dans la capitale.

Très probablement l'occasion approchait. Le colonel allait plus mal. Il fit son testament. Le notaire reçut presque autant d'injures que moi. Le traitement devint plus rigoureux; les courts instants de tranquillité et de repos se faisaient de plus en plus rares pour moi. Déjà alors, j'avais perdu la faible dose de pitié qui me faisait oublier les excès du malade; je portais en moi un ferment de haine et d'aversion. Au commencement du mois d'août, je pris définitivement la résolution de m'en aller. Le vicaire et le médecin, acceptant enfin mes raisons, ne me demandèrent plus que quelques jours pour me rendre ma liberté. Je leur accordai un mois. Au bout de ce temps, je me retirerais quel que fût l'état du malade. Le vicaire se chargea de me trouver un remplaçant.

Vous allez voir ce qui arriva. Dans la soirée du 24 août, le colonel eut un accès de rage folle; il me bouscula, il m'injuria, il me menaça de me brûler la cervelle; enfin, il me jeta au visage une assiette de bouillie qu'il trouvait trop froide à son gré. L'assiette, lancée avec force, alla heurter le mur et se brisa en mille pièces.

— Tu me le paieras, voleur! rugit-il.

Il grommela encore longtemps. Vers onze heures, il se laissa aller peu à peu au sommeil. Tandis qu'il dormait, je tirai un livre de ma poche, un vieux d'Arlincourt que j'avais trouvé parmi ses papiers, et je me mis à le lire dans sa chambre, à une petite distance du lit. Je devais le réveiller à minuit pour lui donner son médicament; mais, soit fatigue, soit influence de la lecture, dès la fin de la deuxième page, je m'endormis à mon tour. Les cris du colonel me réveillèrent en sursaut; en un instant je fus debout. Lui, qui paraissait délirer, continua de pousser les mêmes cris; enfin, il saisit sa carafe et me la lança au visage. Je ne pus me garer à temps; la carafe m'atteignit à la joue gauche, et la douleur fut si aiguë que je faillis perdre connaissance. Je ne me retins plus. D'un bond je me précipitai sur le malade; je lui serrai les mains autour du cou; nous luttâmes quelques instants : je l'étranglai.

Quand je m'aperçus qu'il ne respirait plus, je reculai atterré. Je jetai un cri; mais personne ne m'entendit. Alors, me rapprochant du lit, je le secouai pour le rappeler à la vie. Hélas! il était trop tard : le colonel était mort. Je passai dans la pièce contiguë; et, pendant près de deux heures, je n'osai en sortir. Je ne puis dire tout ce que j'éprouvai de terreur et de remords. C'était un étourdissement, une sorte de délire vague et stupide. Il me semblait voir des visages grimacer sur les murs; j'entendais des voix sourdes. Les cris de la victime, les cris poussés avant la lutte et au cours de la lutte continuaient à se répercuter en moi, et l'air, de quelque côté que je me tournasse, me semblait comme secoué de convulsions. Ne croyez pas que je fasse des images ou du style, je vous jure que j'entendais distinctement des voix qui me criaient : « Assassin! assassin! »

Tout était tranquille dans la maison. Le tic-tac de l'horloge, toujours pareil, lent, égal et sec, accroissait le silence et la solitude. J'appliquais l'oreille à la porte, dans l'espoir d'entendre un gémissement, un mot, une injure, quelque chose qui fût un signe de vie et qui pût apaiser ma conscience ; j'étais prêt à me laisser frapper dix, vingt, cent fois, de la main du colonel. Mais tout se taisait. Je me mettais à marcher au hasard dans la pièce ; je m'asseyais, je me prenais la tête entre les mains ; je me repentais d'être venu là.

Je m'écriais : « Maudite soit l'heure où j'ai accepté d'entrer à son service ! » Et j'en voulais au prêtre de Nictheroy, au médecin, au vicaire, à tous ceux qui m'avaient obtenu cette place et à ceux qui m'avaient forcé à y rester si longtemps. Je me cramponnais à la complicité des autres.

Comme le silence finissait par m'épouvanter, j'ouvris une fenêtre, dans l'espoir d'entendre au moins le murmure du vent. Mais aucun vent ne soufflait. La nuit était tranquille. Les étoiles scintillaient avec l'indifférence de ceux qui tirent leur chapeau devant un enterrement qui passe et continuent à parler d'autre chose. Je restai là quelque temps, accoudé, plongeant mon regard dans la nuit, me contraignant à faire une récapitulation mentale de ma vie pour essayer d'échapper à la douleur présente. Je crois que ce fut seulement alors que je pensai clairement au châtiment. Je me vis déjà accusé et menacé d'une punition certaine. A partir de ce moment, la crainte compliqua le remords. Je sentis mes cheveux se dresser. Quelques minutes après, je vis trois ou quatre formes humaines qui m'épiaient de la terrasse, où elles semblaient se tenir en embuscade ; je reculai ; les formes s'évanouirent dans l'air : c'était une hallucination.

Avant qu'il fît jour, je pansai la contusion que j'avais reçue au visage. Alors seulement, je me hasardai à retourner dans l'autre chambre. Cela n'alla pas sans quelque hésitation ; mais il le fallait, et j'entrai. Je ne m'approchai pas tout de suite du lit. Les jambes me tremblaient, le cœur me battait. Je songeai à fuir ; mais c'eût été dévoiler le crime... Il importait au contraire, il était urgent même d'en faire disparaître les traces. Je me dirigeai vers le lit. Je vis le cadavre les yeux grands ouverts et la bouche béante, comme pour laisser échapper le reproche éternel des siècles : « Caïn, qu'as-tu fait de ton frère ? » Je retrouvai sur le cou la marque de mes ongles ; je boutonnai haut la chemise et je rejetai le drap jusque sur le menton. Ensuite, j'appelai un serviteur et je lui dis tout bas que le colonel était mort vers le matin ; je l'envoyai avertir le vicaire et le médecin.

La première idée qui me vint fut de me retirer au plus tôt, sous prétexte qu'un de mes frères était malade ; et, en réalité, quelques jours auparavant, j'avais reçu de mauvaises nouvelles de mon frère de Rio. Mais je réfléchis que mon départ immédiat pourrait éveiller quelques soupçons, et je pris le parti d'attendre. J'ensevelis moi-même le cadavre en me faisant aider par un nègre vieux et myope. Je ne quittais plus la chambre mortuaire. Je tremblais qu'on ne découvrît quelque chose d'anormal. Je voulais m'assurer qu'aucune méfiance ne se lisait sur le visage des autres; mais je n'osais regarder personne en face. Tout me donnait des impatiences : les allées et venues de ceux qui, à pas de loup, traversaient la chambre; leurs chuchotements; les cérémonies et les oraisons du vicaire... L'heure étant venue, je fermai la bière, mais d'une main tremblante, si tremblante que quelqu'un en fit la remarque tout haut et non sans quelque pitié :

— Ce pauvre Procope! malgré ce qu'il a enduré, il est fort ému.

Il me sembla que c'était de l'ironie. J'étais anxieux de voir tout finir. Nous sortîmes. Arrivé dans la rue, le passage de la demi-obscurité à la grande lumière me saisit et me fit chanceler. Je commençai à craindre alors qu'il ne me fût plus possible de cacher plus longtemps le crime. Je gardai les yeux obstinément fixés sur le sol et je me mis en marche. Quand tout fut fini, je respirai. J'étais en paix avec les hommes. Je ne l'étais cependant point avec ma conscience, et les premières nuits, je les passai naturellement dans l'inquiétude et dans l'affliction. Faut-il vous dire que je m'empressai de retourner à Rio de Janeiro, et que j'y vécus dans la terreur et dans l'abattement, quoique éloigné du lieu du crime? Je ne riais point; je parlais à peine; je mangeais peu; j'avais des hallucinations, des cauchemars...

— Laissez donc là celui qui est mort, — me disait-on — il n'est pas raisonnable de montrer tant de mélancolie.

Et je me félicitais de l'illusion, faisant de grands éloges du mort, l'appelant bonne créature, impertinent, à la vérité, mais doté d'un cœur d'or. Et tout en parlant de la sorte, je tâchais de me convaincre moi-même, au moins pour quelques instants. Un autre phénomène intéressant se produisit en moi, — je vous le rapporte parce que vous en tirerez peut-être quelque déduction utile, — c'est que, n'étant guère pieux, je fis dire une messe pour le repos éternel du colonel, en l'église du Saint-Sacrement. Je n'envoyai aucune invitation, je n'en soufflai mot à personne; je m'y rendis seul. Je restai agenouillé durant tout l'office et fis force signes de croix. Je doublai la gratification du prêtre et je distribuai des aumônes à la porte, le tout à l'intention du défunt.

Je ne voulais tromper personne. La preuve en est que j'agissais ainsi à l'insu de tous. Pour compléter ce détail, j'ajouterai que je ne faisais jamais allusion au colonel sans répéter avec un soupir : « Que Dieu ait son âme ! » Et je racontais à son sujet quelques anecdotes joyeuses, quelques impertinences amusantes...

Peu de jours après mon arrivée à Rio, je reçus une lettre du vicaire. Il m'annonçait qu'on avait ouvert le testament du colonel et que j'y étais désigné comme son légataire universel. Imaginez ma stupéfaction ! Il me semblait avoir mal lu ; j'allai trouver mon frère, j'allai trouver mes amis : tous lurent la même chose. Aucun doute n'était possible, j'étais bien l'héritier du colonel. J'en vins à supposer que c'était un piège qu'on me tendait ; mais je réfléchis en même temps qu'il y avait d'autres moyens de m'arrêter, si le crime était découvert. De plus, je connaissais la probité du vicaire, j'étais sûr qu'il ne se prêterait point à semblable manœuvre. Je relus la lettre cinq fois, dix fois, cent fois; je n'en revenais pas.

— Combien possédait-il ? me demandait mon frère.

— Je l'ignore, mais je crois qu'il était très riche.

— Réellement, il a prouvé qu'il était ton ami.

— Assurément, il l'était.

Ainsi, par une étrange ironie du sort, c'est à moi que revenaient tous ses biens. Je songeai d'abord à refuser l'héritage. Il me semblait odieux de recevoir un sou de ce legs; n'était-ce pas toucher la prime d'un assassinat? Cette pensée m'obséda pendant trois jours; mais je me heurtais de plus en plus à cette considération : que mon refus ne manquerait pas d'éveiller quelques soupçons. Enfin, je m'avisai d'un moyen terme : j'accepterais l'héritage et je le distribuerais par petites sommes, en cachette.

Ce n'était pas seulement scrupule de ma part, c'était aussi le désir de racheter mon crime par un acte de vertu; et n'était-ce pas l'unique moyen de recouvrer ma tranquillité ?

Je fis rapidement mes préparatifs et je partis. A mesure que j'approchais de la petite ville, le triste événement me revenait obstinément à la mémoire. Je trouvais des aspects tragiques à tout ce que je revoyais. A chaque détour de la route, il me semblait voir surgir l'ombre du colonel. Et malgré moi, j'évoquais dans mon imagination ses cris, ses gestes, ses regards, toute l'horrible nuit du crime...

Crime ou lutte?... Réellement, ce fut plutôt une lutte; j'avais été attaqué, je m'étais défendu; et en me défendant... Ce fut une lutte malheureuse, une vraie fatalité. Cette idée se fixa dans mon esprit. Et je passais en revue toutes les offenses reçues; je tenais compte des coups, des injures... Ce n'était pas la faute du colonel, je le savais bien, c'était la maladie qui le rendait acariâtre et même méchant. Mais je pardonnais tout, tout!... Le pire, c'était la fatalité de cette nuit... Je considérai aussi que le colonel ne pouvait plus vivre longtemps. Ses jours étaient comptés; lui-même ne le sentait-il pas? ne répétait-il pas à tout instant : « Combien de temps vivrai-je encore ? Deux semaines, ou une, peut-être moins? »

Ce n'était déjà plus la vie, c'était une agonie lente, si l'on peut appeler ainsi le martyre continuel de ce pauvre homme. Et qui sait, qui pourrait dire si la lutte et la mort ne furent pas une simple coïncidence? Cela se pouvait après tout, c'était même le plus probable; à bien peser les choses, il n'en pouvait être autrement. A la longue, cette idée se fixa aussi dans mon esprit.

En arrivant dans la petite ville, mon cœur se serra, je voulus repartir; mais je dominai mon émotion et j'avançai. On me combla de félicitations. Le vicaire me communiqua les dispositions du testament, m'énuméra les legs pieux, et, tout en discourant, loua la mansuétude chrétienne et le zèle dont j'avais fait preuve en soignant le défunt, lequel, malgré ses rigueurs et sa dureté avait su me témoigner de la reconnaissance.

— Sans doute, — disais-je — en regardant de côté et d'autre.

J'étais abasourdi. Tout le monde approuvait

ma conduite, toute de patience et de dévouement. C'était un concert d'éloges. Les premières formalités de l'inventaire me retinrent quelque temps; je fis choix d'un avoué; les choses suivirent tranquillement leur cours. Pendant plusieurs semaines, on parla beaucoup du colonel. On venait me raconter des traits de sa vie, mais sans observer la modération du prêtre. Je défendais sa mémoire, je rappelais quelques-unes de ses qualités, de ses vertus; n'était-il pas austère?...

— Austère! — interrompait-on — allons donc! Il est mort, c'est fini maintenant; mais c'était un vrai démon.

Et l'on me rapportait des faits, on me citait des actions perverses dont quelques-unes même étaient extraordinaires.

Faut-il vous l'avouer? Au début, j'écoutais tous ces propos avec curiosité; ensuite, un plaisir singulier me pénétra le cœur, un plaisir auquel, sincèrement, je cherchais à échapper. Et je continuais de défendre le colonel; je l'expliquais; j'attribuais beaucoup de ses fautes aux rivalités locales; j'admettais, oui, j'admettais qu'il était un peu dur, un peu violent...

— Un peu! Mais c'était un serpent en fureur! s'exclamait le barbier.

Et tous, le receveur, le pharmacien, le greffier, tous étaient du même avis. Et ils se mettaient à conter d'autres anecdotes. Toute la vie du défunt y passait. Les vieillards se plaisaient surtout à rappeler ses cruautés de jeunesse. Tout le monde le haïssait. Et le plaisir intime, muet, insidieux, grandissait en moi, sorte de ténia moral dont j'avais beau arracher les anneaux, qui se reformait aussitôt et s'accrochait toujours plus profondément.

Les formalités de l'inventaire me donnaient quelque distraction; d'autre part, l'opinion était si unanimement défavorable au colonel que peu à peu la localité ne m'apparaissait plus sous l'aspect ténébreux que je lui avais trouvé au début. Enfin, j'entrai en possession de l'héritage et je le convertis en titres et en argent. Plusieurs mois s'étaient écoulés, et l'idée de le distribuer en aumônes et en dons pieux ne s'imposait plus à mon esprit comme la première fois; il me semblait même que c'eût été de l'affectation. Je limitai mon plan primitif : je distribuai quelques menues sommes aux pauvres; je fis don à l'église de quelques ornements neufs; je donnai quelques milliers de francs à l'Hôpital de la Miséricorde; et je n'oubliai point de faire ériger un monument sur la tombe du colonel, un monument très simple, tout en marbre, œuvre d'un sculpteur napolitain qui était venu s'établir ici à cette époque, et qui, depuis, s'en est allé mourir au Paraguay.

Les années ont continué de passer. Ma mémoire est devenue vague et défaillante. Je pense parfois au colonel, mais sans ressentir les terreurs des premiers jours. Tous les médecins à qui j'ai fait le récit de ses maladies se sont montrés d'accord sur l'inévitable fin qui lui était réservée; plusieurs se sont étonnés même qu'il ait résisté si longtemps. Il se peut que j'aie involontairement exagéré la description que je leur ai faite de ses diverses affections; mais la vérité est qu'il devait mourir, même si cette fatalité ne s'était pas produite...

Adieu, mon cher monsieur. Si vous jugez que ces notes ne sont pas dépourvues de valeur, récompensez-m'en aussi par un tombeau de marbre, et mettez-y comme épitaphe cette variante que je fais ici au divin sermon sur la montagne :

« Bienheureux ceux qui possèdent, parce qu'ils seront consolés. »

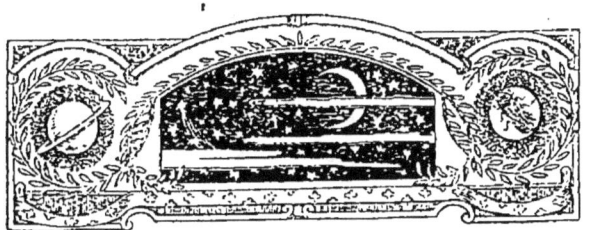

CERCLE VICIEUX

E balançant dans l'air, une luciole ne cessait de gémir : — « Que je voudrais être la blonde étoile qui scintille là-haut dans l'éternel azur ! »

Et l'étoile, toisant la lune, songeait avec jalousie : — « Que je voudrais ressembler à l'astre dont la transparente lumière bleue baigne mollement le contour de la colonne grecque ou de la fenêtre gothique, et que la femme belle et aimée contemple en soupirant ! »

Et la lune, lorgnant le soleil, se disait avec amertume : — « Que je suis malheureuse ! Que je voudrais posséder cette immense, cette immortelle clarté en laquelle toute lumière se résume ! »

Mais le soleil, inclinant sa couronne resplendissante, soupirait à son tour : — « Elle me pèse, cette brillante auréole divine.... Elle m'ennuie, cette immense voûte étoilée.... Hélas ! que ne suis-je né simple luciole ? »

ENFANT ET JEUNE FILLE

LA voici parvenue à cet âge vague et inquiet... C'est le jour clair qu'on devine au fond de l'aube indécise; c'est le bouton entr'ouvert, la rose prête à s'épanouir. Ce n'est pas encore la femme et ce n'est déjà plus l'enfant.

Tantôt elle est très calme et très sage; tantôt elle fait l'évaporée; elle allie, dans un même geste, la folie et la pudeur; elle a tantôt un air d'enfant et tantôt des attitudes de jeune fille;

elle étudie le catéchisme et lit des vers d'amour.

Parfois, en valsant, son cœur palpite à se briser, peut-être de fatigue, peut-être d'émotion. Quand ses lèvres vermeilles s'entr'ouvrent et s'agitent, on ne sait si c'est pour demander un baiser ou pour dire une prière.

D'autres fois encore, en embrassant sa poupée, elle jette un coup d'œil furtif à son cousin... qui sourit. Et quand elle se met à courir, il semble que la brise énamourée, secouant sa chevelure, lui prête des ailes d'ange ou des grâces de houri.

Quand elle traverse le salon, il lui arrive souvent de s'arrêter devant le miroir ; et il n'est pas rare qu'en se couchant elle se mette à feuilleter quelque roman dont l'héroïne conjugue l'éternel verbe aimer.

Dans la chambre où elle dort la nuit et se repose le jour, elle a placé le lit de sa poupée au pied de la toilette. Et quand elle rêve, il lui arrive souvent de redire tout haut ses leçons de collège et... le nom d'un jeune docteur.

Elle se réjouit aux cadences de l'orchestre, et quand elle fait son entrée dans le bal, elle prend des manières de demoiselle. Les visites chez la modiste lui font oublier l'ennui des heures passées auprès de sa maîtresse; elle a du respect pour l'une, mais elle adore l'autre.

Des ennuis de la vie, le plus triste et le plus rude pour elle, c'est l'étude, excepté toutefois la leçon de syntaxe où elle récite le verbe « *To love* » ... non sans sourire au professeur d'anglais.

Que de fois cependant, fixant son regard dans l'espace, elle semble suivre une vision éthérée; que de fois, ramenant son bras frêle sur sa poitrine, elle comprime les pulsations de son cœur agité.

Ah! insensé celui qui dans un moment d'hallucination irait se jeter à ses pieds et lui faire l'aveu d'une espérance vaine; comme elle se moquerait de ces tristes amours, comme elle rirait de l'aventure et s'empresserait d'aller la conter à maman!

C'est que cette créature adorable, divine, ne

se peut expliquer et ne se peut comprendre. Quand on y cherche la femme, on y trouve l'enfant, et quand on veut y voir l'enfant, on y découvre la femme !

Appendice

M ACHADO DE ASSIS synthétise complètement et admirablement notre degré de culture mentale. Il est le chef supérieur et incontesté de notre littérature.... Nul n'a affirmé comme lui, dans le domaine littéraire, et son individualité et notre nationalité... Il a décrit son monde, son époque, son propre milieu. Son champ d'activité a été la société dans laquelle nous vivons... Quoique d'un caractère calme, peu expansif, timide même, il a exercé une influence considérable et intense sur les classes cultivées de la société. En effet, il suffit de parcourir son œuvre pour se convaincre qu'aucun phénomène social ne s'est produit sans qu'il y ait pris part directement ou indirectement, par la chronique quotidienne ou par le roman, par la propagande ébauchée en ses personnages ou par une critique pleine d'ironie et dont il avait le secret. Il avait un style à lui, un style particulier, vraiment unique dans notre langue et introuvable en aucune autre. Je pourrais dire même qu'il possédait ou qu'il avait créé une langue nouvelle, tant ses expressions étaient neuves et profondément originales.

... Il était philosophe, commentateur, critique et analyste, — analyste des choses et des hommes, des âmes et des mœurs, des individus et du milieu, des grandes passions et des petits vices. Il n'avait pas le sarcasme dissolvant; mais il professait un doux et bienveillant scepticisme. C'était un annotateur. Il savait commenter les situations, les coutumes et les idées, applaudir ou protester avec bonté, souligner d'un sourire ce qui était risible...

... Cet esprit lucide a disparu. Je lui rends ici

un témoignage personnel d'estime, de vénération et de respect... Je n'étais qu'un adolescent lorsque je l'ai connu, et, déjà alors, j'éprouvais pour lui cette admiration profonde que lui-même avouait avoir ressentie pour Alencar.... Cet hommage, je ne suis pas seul à le rendre ; je parle au nom de tous ceux qui, en ce pays, ont quelque culture ; au nom de tous ceux qui estiment et aiment vraiment l'art.

C'est pourquoi je demande à la Chambre de lui rendre les honneurs suprêmes. Je le demande non pour lui, mais pour le pays. Je sais, par ses personnages, ce qu'il pensait lui-même de ces manifestations posthumes, ce qu'il pensait de la mort et de ce qui reste après nous.... « Il eut, — fait-il dire à l'un de ses héros, — il eut la mort lente, la mort d'un vin filtré qui sort impur d'un flacon pour entrer purifié dans un autre : la lie irait au cimetière. » Et ce n'est pas la peine de chercher à savoir de quel cimetière il s'agit.

Dans une page de ses mémoires, il nous parle aussi d'un personnage en habit de soie noire,

portant culotte, bas de soie et souliers à boucle. C'était le portier du Vieux Sénat, qui s'en allait le long d'un interminable corridor obscur et disparaissait dans un cimetière — qu'il ne valait pas la peine de mentionner, parce que « tous les cimetières se ressemblent. »

Tâchons, messieurs, de démentir cette assertion en ce qui le concerne ! Que le champ de repos où l'on déposera la dépouille mortelle de Machado de Assis ne ressemble à aucun autre : que la pensée brésilienne s'oriente vers celui-là pour rendre l'hommage de sa vénération à la plus haute expression qu'elle a possédée en cet écrivain de génie. Que le Brésil atteste, par ce solennel hommage rendu à sa propre gloire, son orgueil de constituer un milieu capable de donner le jour à des hommes vraiment supérieurs, tels que Machado de Assis !...

ALCINDO GUANABARA.

(Discours prononcé à la Chambre des Députés.)

Comment évoquer ici, comme je le voudrais, le côté moral de son caractère ? Machado de Assis a donné de constants témoignages de la richesse de son inspiration dans le lyrisme, de sa maestria dans le style, de sa sagacité en psychologie, de sa grâce dans l'invention, de sa bonhomie dans l'humour, de son nationalisme dans l'originalité, de sa franchise, de son tact et de son goût littéraire. Ses écrits constituent une galerie de chefs-d'œuvre ; ils attestent surtout notre culture, l'indépendance et la vitalité des énergies civilisatrices de notre race... Mais à cette heure où il entre dans le mystère, où il entre en contact presque direct, presque sensible avec l'inconnue du problème suprême, — problème que nos interrogations pleines d'anxiété renouvellent à chaque disparition de l'un d'entre nous dans le torrent des générations, — ce n'est pas l'occasion d'entonner des cantiques d'enthousiasme ni des hymnes à la victoire dans les luttes du talent. D'ailleurs, les commémorations ne lui manqueront point : son souvenir grandira avec les années, à mesure que sa traînée de lumière rayonnera dans l'avenir, toujours plus loin de son foyer.

Ce qui s'éteindrait peut-être, si nous ne nous empressions de le recueillir dans la mémoire des vivants, c'est le souffle de sa vie morale.. Quand, avec son dernier soupir, ce souffle s'est exhalé pour la dernière fois, ses amis ont contracté l'obligation de retenir ce souffle, — comme on retiendrait dans une aspiration intense l'arome d'une fleur dont l'espèce serait perdue, — afin de le transmettre à nos descendants et d'en imprégner l'impérissable tradition...

Ruy Barbosa.

(Discours prononcé au nom de l'Académie Brésilienne.)

Au bord de la route, une toile d'araignée emprisonnant des perles de rosée qu'irrise la lumière matinale est certainement une belle chose, encore qu'elle soit presque vulgaire pour des yeux qui ne savent pas la voir. Qui, cependant, se jugerait capable de doubler cette beauté? Pour cela, il faudrait d'abord l'araignée; ensuite, il faudrait la rosée, larmes que la nuit recueille de toutes les souffrances ignorées; enfin, une collaboration indispensable aussi serait celle du soleil, ce grand centre de vie, qui, à chaque palpitation, émet des ondes de lumière et de chaleur qui sont l'âme des choses créées.

Celui qui chercherait, dans son œuvre, les traits profonds d'une eau-forte de Rembrandt avec ses prodiges de clair-obscur, ferait fausse route. Qu'il quitte la forêt ombreuse et revienne vers la lisière, et là, à la clarté douce et diffuse d'un beau soir d'automne, qu'il lise en repos le *Mé-*

morial de Ayres, comme qui contemplerait une de ces gravures fermes, nettes mais légères dont Boticelli a illustré la *Divine Comédie*. Alors, pour celui qui a des yeux pour voir et pour admirer, le phénomène s'accomplira.

Pour celui, toutefois, qui pendant plus d'un demi-siècle a accompagné l'œuvre de Machado de Assis,... le *Mémorial de Ayres* contient quelque chose de plus encore. Dès le début, on y découvre un parfum de tristesse. A mesure qu'on avance dans la lecture, on voit se détacher de ses pages les papillons bleus du regret. Enfin, sous la palpitation de grandes ailes blanches, on perçoit un appel venu de très loin, auquel l'auteur répond du fond de lui-même par la chanson du roi troubadour; et, discret comme Ayres, pour ne pas troubler le colloque de deux cœurs très aimants, il se retire sans bruit, sur la pointe des pieds, parce que celle qui l'appelle, c'est la Muse familière et consolatrice, l'Espérance...

SALVADOR DE MENDONÇA.

(*Jornal do Commercio*. Septembre 1908.)

LA nuit où mourut Machado de Assis, celui qui aurait franchi le seuil de la villa du poète, à Laranjeiras, n'aurait pu soupçonner que le dénouement fatal était si proche. Dans la salle à manger, un groupe de dames relisaient d'anciens vers encore inédits... Dans le salon, quelques disciples s'entretenaient à voix basse...

Le silence était presque complet dans cette demeure où le profond regret glorifiait une existence prête à s'en aller...

A un certain moment, on entendit frapper timidement à la porte d'entrée. On ouvrit. Un visiteur apparut : c'était un jeune homme de seize à dix-huit ans à peine. On lui demanda qui il était. Il répondit qu'il jugeait inutile de se nommer, car il ne connaissait le maître de la maison que par la lecture de ses livres qu'il adorait. Il avait appris par les journaux du soir que Machado de Assis était dangereusement malade, et il avait eu la pensée de le visiter... Il s'excusait de sa hardiesse. S'il ne lui était pas donné de voir le malade, il suppliait qu'on lui donnât au moins des nouvelles de son état.

Et le jeune homme anonyme — venu de la nuit — fut conduit à la chambre du poète... Il s'agenouilla en silence, puis, s'étant approché, il prit la main du maître, y déposa un baiser et étreignit sa poitrine moribonde dans un beau geste de tendresse filiale. Il se releva et, sans proférer une parole, il sortit.

En le reconduisant, M. José Verissimo lui demanda son nom. Le jeune homme se fit enfin connaître. Mais il doit rester anonyme.

Quelle que soit la destinée de cet adolescent, il ne s'élèvera jamais davantage dans la vie... Pendant un moment, son cœur a battu seul pour l'âme d'une nation. Pendant la minute où il a étreint Machado de Assis mourant, il a été le plus grand de son pays.

EUCLYDES DA CUNHA.

(*Renascença*. Septembre 1908.)

Toute vulgarité dans la vie ou dans l'art répugnait à sa nature qu'on peut, sans exagération, appeler aristocratique. Il avait en horreur tout excès, toute exubérance, toute emphase... Les fautes contre le bon goût le chagrinaient réellement. Volontiers il répétait cette pensée, qui est de Mérimée je crois : « Le mauvais goût mène au crime »... Sans se vanter de quoi que ce fût, et sans se proclamer esthète, — qualificatif qu'il détestait d'ailleurs, comme tous les qualificatifs en général, se formant même une piètre idée de ceux qui se l'attribuent, — il fut vraiment un esthète. Il voyait et considérait toutes choses sous l'aspect de la beauté, qui, pour lui, était aussi l'élégance et le bon goût. Il aimait tout ce qui était littérature ou portait le cachet littéraire. Il était vraiment avide d'histoires, d'anecdotes, de faits révélant quelque intérêt psychologique, littéraire ou esthétique. Son imagination de poète se plaisait à les idéaliser, à les amplifier, à en extraire une sensation ou la philosophie que ces faits pouvaient contenir. Quoiqu'il n'éprouvât que répugnance pour les choses sordides où les autres se complaisent trop facilement, et bien que sa délicatesse native s'en scandalisât, il les tolérait néanmoins, s'il y trouvait de l'esprit et quelque style...

Son horreur pour la banalité et l'emphase s'ajoutait à sa timidité naturelle, à sa défiance de lui-même, lui donnant ainsi une distinction de plus, celle — très rare — de n'être ni un orateur ni un beau parleur. Quant aux deux ou trois petits discours qu'il prononça dans sa vie, ils furent plutôt lus, et d'une voix si faible que personne ne les entendit; mais ils n'en portent pas moins le cachet de sa prose incomparable....

JOSÉ VERISSIMO.

(*Jornal do Commercio*. 29 Octobre 1908.)

L'ÉMOTION ni la sympathie pour la souffrance humaine ne lui ont fait défaut, car il a exposé avec la simplicité d'un narrateur véridique quelques-uns de ces cas grotesquement douloureux que l'existence nous offre à chaque pas; car il a mis en relief avec un savant humour les déceptions nées de l'imbécillité ou de la jactance et, avec un sarcasme vainqueur, les humiliantes déroutes des méchants et des imposteurs privés du fruit de leurs plans ténébreux. Jamais, cependant, en aucune de ses pages, il n'a refusé le pieux tribut de sa commisération à une infortune digne de respect; jamais il n'a aggravé d'un mot léger ou railleur l'affliction d'une créature faible, injustement opprimée. Certes, l'âme d'un écrivain n'est jamais tout entière dans ses livres, et l'aphorisme qui consiste à dire que « le style c'est l'homme » est très faux dans l'interprétation étroite qu'on lui attribue d'ordinaire. Mais, sans sortir de l'œuvre de Machado de Assis, en la lisant sans préjugés et sans intention de se subordonner à un jugement systématique, il apparaît nettement et à l'évidence, que si la part des « choses vaines et grossières » lui semblait vraiment excessive dans l'existence commune, dans notre labeur de chaque jour, personne ne sentait mieux que lui au-dessus de cette atmosphère, — déjà pesante et impure pour un simple homme de bien et souvent irrespirable pour un homme supérieur, — le libre azur d'une autre atmosphère plus saine, plus sereine, plus lumineuse. Et c'est vers celle-là que tendait son effort, c'est dans celle-là qu'il se réfugiait et que, autant qu'il lui était possible, il prétendait vivre.

Carlos Magalhaes de Azevedo.

(Jornal do Commercio. Octobre 1908).

Table

ERRATA

PAGE	LIGNE	AU LIEU DE	LIRE
25	17	Garett	Garrett
29	18	modalié	modalité
33	15	*Esaü e Jacob*	*Esaü et Jacob*
»	18	coïncide	coïncida
35	20	pluf	plus
48	8	Braz Cubas	*Bras Cubas*
62	12	qui le rend	qui la rend
63	4	qui les maintient	qui les maintiennent
94	22	sûreté du coup d'œil	sûreté de coup d'œil
106	3	toujours intacte	toujours intactes
111	18	Colonel	colonel
112	7	»	»

TABLE DES MATIÈRES

Au Lecteur	7
Le Génie Latin, par Anatole France	11
Machado de Assis et son œuvre littéraire, par M. de Oliveira Lima	19
Machado de Assis romancier, conteur et poète, par Victor Orban	91
L'Infirmier, conte, traduction de Victor Orban .	109
Cercle Vicieux, sonnet, » »	133
Enfant & Jeune fille, » »	135

APPENDICE :

Extrait du discours de M. Alcindo Guanabara. . 141
 »   »   »   M. Ruy Barbosa. . . . 145
 »   de l'article de M. Salvador Mendonça . 147
 »   »   »   M. Euclydes da Cunha. . 149
 »   »   »   M. José Verissimo . . . 151
 »   »   »   M. Magalhães de Azevedo 153

Fac-similé d'une lettre autographe de Machado de Assis   86

ERRATA 156

58353   Imp. E. DESFOSSÉS

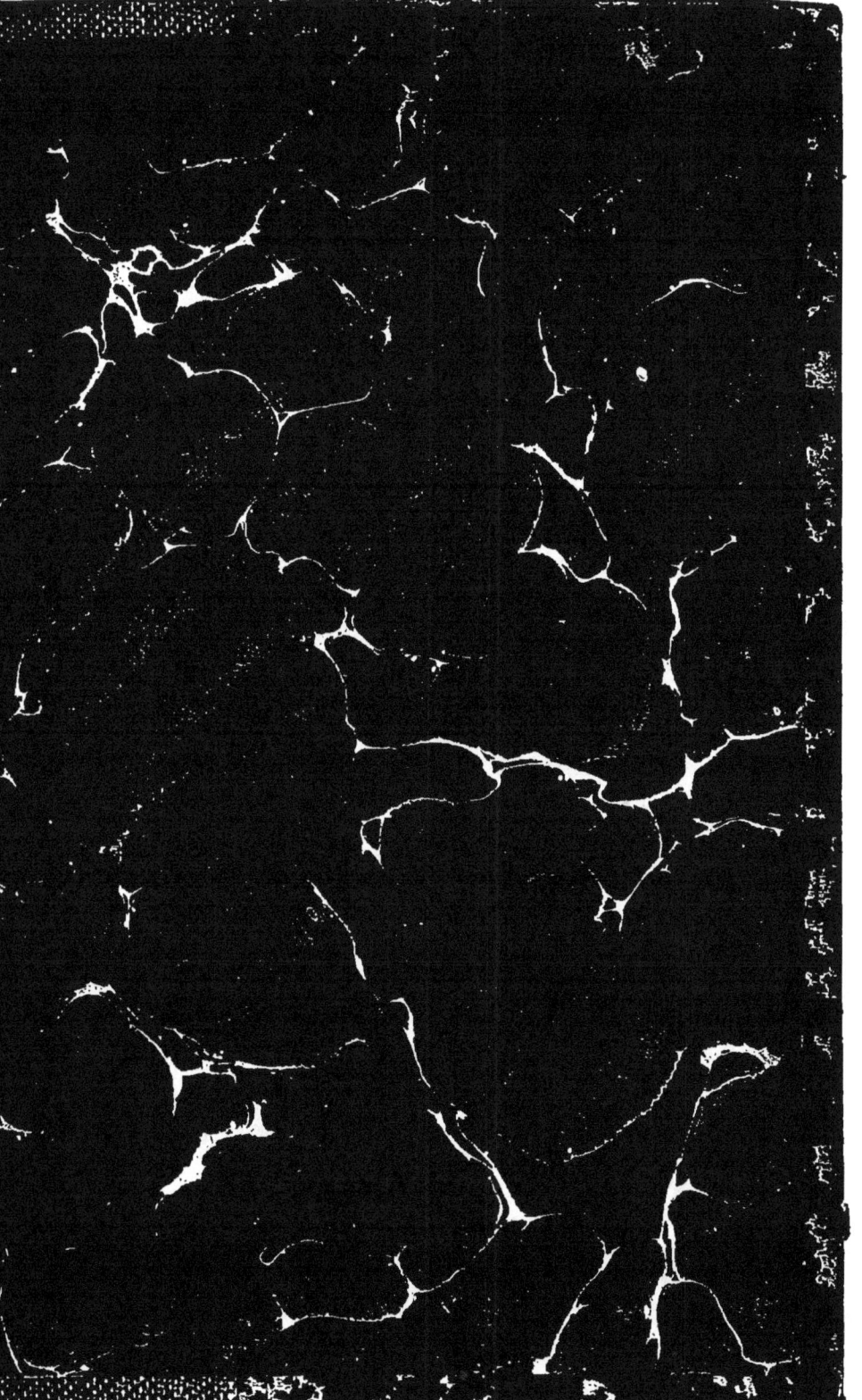

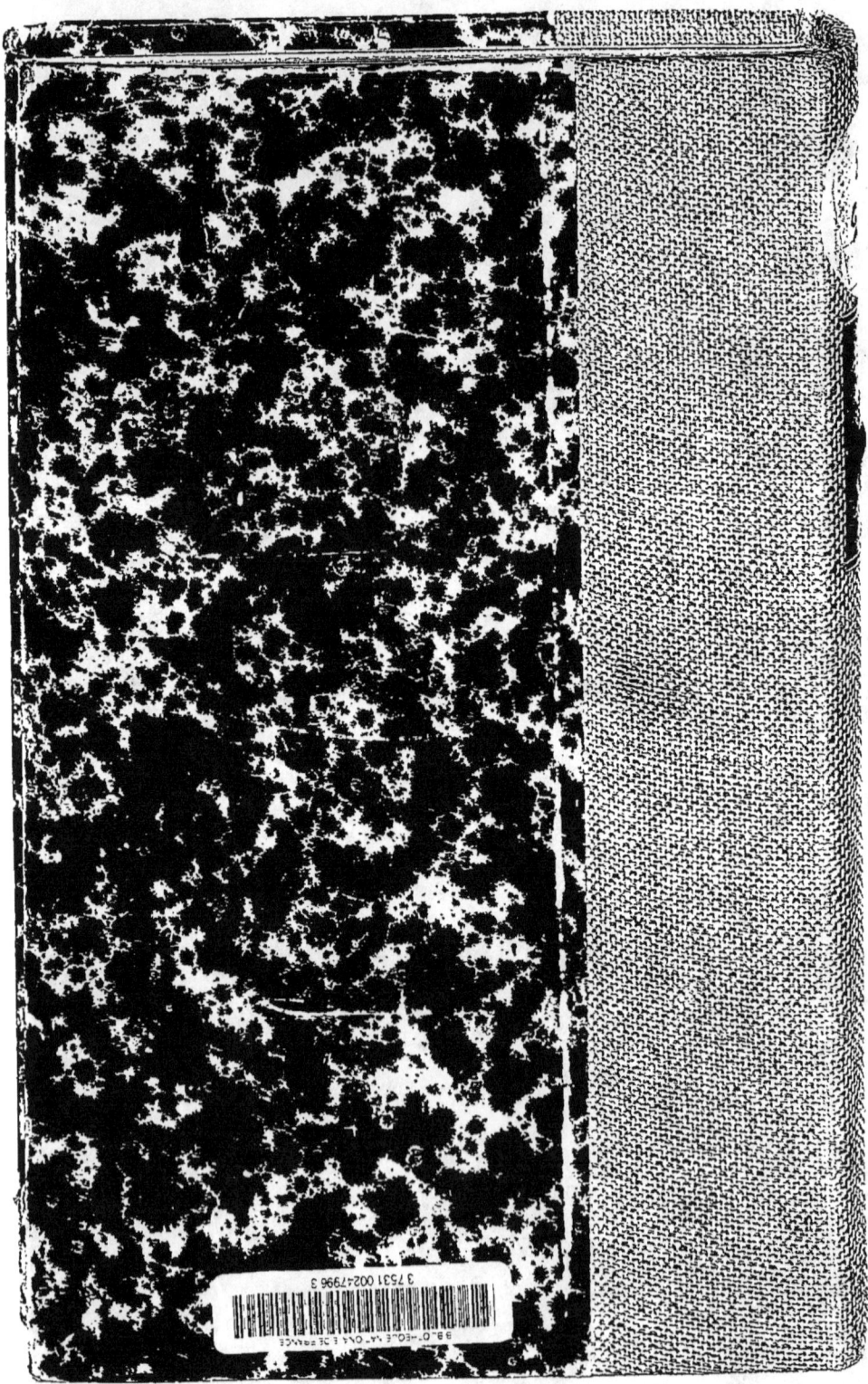

www.ingramcontent.com/pod-product-compliance
Lightning Source LLC
Chambersburg PA
CBHW070659100426
42735CB00039B/2331